心理勵志 | 239

# THE ASTONISHING POWER OF EMOTIONS
## Let Your Feelings Be Your Guide

# 情緒的驚人力量

愛思特・希克斯、傑瑞・希克斯
*Esther* and *Jerry Hicks*
丘羽先、謝明憲 譯

## Contents_

推薦文
6　從一打開這本書開始，你的命運就已經徹底改變了　—李欣頻
8　順著生命之流舒暢過活　　　　　　　　　　　　　—張德芬

序文
11　讓情緒指引美好人生　　　　　　　　　　　—傑瑞・希克斯


### 第一部分　發現情緒的驚人力量

22　第一章　歡迎大家來到地球
　　　　　　・信任的價值
　　　　　　・這美麗的星球讓你傾心

26　第二章　記得真正的自己
　　　　　　・你與內在自己的關係

30　第三章　你是宇宙的延伸
　　　　　　・無須言語，你也在創造
　　　　　　・內在的自己追隨新的願望
　　　　　　・思想先於實相

36　第四章　你的存在是一種振動頻率
　　　　　　・第六種感官
　　　　　　・回到更大的視野

39　第五章　情緒是絕對指標
　　　　　　・生命的擴展永不止息
　　　　　　・頻率的調整是關鍵

43　第六章　頻率一致就會很輕鬆
　　　　　　・隨順生命之流
　　　　　　・內在的自己早已與願望合一

49　第七章　與內在自己的頻率落差
　　　　　　・情緒的引導力量
　　　　　　・透過情緒了解頻率落差
　　　　　　・逆流得不到你想要的

54　第八章　生命的自然循環
　　　　　　・把槳丟掉

58　第九章　吸引力法則不需要實踐
　　　　　　・活出隨順的人生
　　　　　　・隨順幸福之流
　　　　　　・你是生命之流的動力

## Contents_

**第二部分　展現情緒的驚人力量：助你順流前進**

- 68　案例 1　我的健康亮紅燈，要多久才會好轉
- 76　案例 2　我就是瘦不下來
- 87　案例 3　孩子一天到晚吵架，快把我逼瘋了
- 96　案例 4　我是個沒有條理的人
- 100　案例 5　我的前夫中傷我
- 105　案例 6　我先生老愛教我怎麼開車
- 110　案例 7　我工作不開心
- 114　案例 8　現任丈夫和正值青春期的兒子處不好
- 120　案例 9　父親去世後，我頓失重心
- 129　案例 10　我正值青春期
- 135　案例 11　好友在背後說我壞話
- 140　案例 12　我的錢少得可憐，而且短期內不會改善
- 147　案例 13　我找不到理想伴侶
- 152　案例 14　我和妹妹冷戰
- 158　案例 15　我被另一半管得喘不過氣
- 165　案例 16　先生要離婚，讓我不知所措
- 174　案例 17　孩子不尊重我

185　案例 18　我的創意遭人剽竊

190　案例 19　母親罹患了阿茲海默症

194　案例 20　我的員工處不好

200　案例 21　我先生認為吸引法則是無稽之談，完全不願接觸

205　案例 22　社會認為我「年事已高」

209　案例 23　我女兒說謊成性

214　案例 24　我總是與升職無緣

220　案例 25　我沒有時間也沒有錢照顧父母，我覺得非常愧疚

225　案例 26　塞車浪費我的生命

230　案例 27　了解吸引力法則之後，我開始害怕自己的想法

235　案例 28　我先生病得很重

242　案例 29　情人離我而去

249　案例 30　我心愛的寵物病了

254　案例 31　我的錢永遠不夠用

260　案例 32　愛犬死了，我非常難過

265　案例 33　兒子是同性戀

推薦文 |

## 從一打開這本書開始，
## 你的命運就已經徹底改變了
　　　　　　　　　　　　　　　　　　　李欣頻

如果說《祕密》是心想事成的初階版，《失落的致富經典》是心想事成的哲理版，那麼這本《情緒的驚人力量》就是心想事成的實務版。

　　工作、財富、關係、健康、生死……涵蓋古今中外每個人都必須面對的幾大難題，我們在這33個案例中，總能為自己眼前的困境找到問題癥結，精確地找到某幾個牢綁著我們不放的念頭。如果我們夠有勇氣，就拿著手術刀，一刀切開綑綁的結，放開自己，丟開槳，順水流，輕鬆地享受沿途的美好風景。

　　看完了這本《情緒的驚人力量》之後，你可以不必再閱讀任何要你努力向上、努力改善生活的書了，因為都是徒勞無效的，逆流達不到你要的目的。真正能創造你夢寐以求的幸福生活，原來不需要精心規畫、不需要奮發行動、不需

要改變別人、也不需要激勵自己,只要把情緒調到美好的頻道,如此而已。

講「臣服」有點難懂,講「順流」就輕鬆多了⋯⋯這是一本讓我徹底放鬆,開始過愉悅生活的書。

(本文作者是名作家、廣告創意人)

推薦文 |

## 順著生命之流舒暢過活

張德芬

從一開始接觸，我就很喜歡傑瑞‧希克斯和愛思特‧希克斯所傳達的訊息——非常詳盡而且完整地談到吸引力法則以及其應用的方法。他們的東西一點都不抽象，而且非常實用。這一本書，更是一個好的急救手冊，可以及時把你從負面情緒的泥沼中，帶到光明的正面情緒。

在本書中，他們談到負面情緒是因為逆流而造成的，什麼是逆流呢？那就是，當你與你的源頭想要去的地方不一致了，就會產生負面情緒。所以他們列舉了33個案例，一一說明如何將逆流的思維，轉變為順流——順遂生命之流，也是我們的源頭要去的方向。

不僅如此，他們還提出了我見過最具體的理論，證明我們是和宇宙共同創造人生的：你每累積一次人生經驗，就會提出更多的要求。每當你提出要求，本源（我們的源頭）就會成

為那項欲求。每當本源與新的欲求合而為一，吸引力法則就會予以回應。當吸引力法則回應正在拓展、擴張的你，你的生命之流就會流得更急。

　　這就是說，我們每個人來到這個世界上，就是要以我們自己獨有的方式來表達宇宙，所以我們會有一些欲望要達成，而且我們每個人都是不斷地在擴展成形。在這個過程中，宇宙（生命之流）是隨順我們的欲求的，這個欲求，當然是我們潛意識裡面真正想要的東西，而不是豪宅名車、佳偶貴子。我們的天命就是：透過這個二元對立的世界，以自己獨有的方式來彰顯宇宙。

　　所以，當你與自己的真正欲求，也就是你的內在目的以及使命不合的時候，就是逆流了，你就會迷失、痛苦、絕望。但是如果能夠找到自己的使命，並且勇敢地活出來的時候，就是順流的舒暢！因此本書中，給了許多具體的案例，並且詳加分析，列出很多建議和正面的思考方式，幫助大家從逆流到順流。以這種方式來教導讀者發揮吸引力定律，還真是別樹一格的創意！

不過，我想補充的是，有的時候我們陷入負面情緒當中，也就是逆流的狀態中，是因為我們的人生模式，也就是勝肽的作用（請參考拙作《遇見未知的自己》，方智出版）。如果這種情緒很強烈的話，用理性的「改變想法」的方式，有的時候是不容易扭轉的。因此，在我第二本書（《遇見心想事成的自己》）中，我提出了很多對治自己人生模式，尤其是上癮情緒的療癒方法，如果能夠和本書配合一起使用，當如虎添翼，效果更大！

最後祝福讀者都能夠對治自己上癮的情緒模式，進而找到自己的天命，活得精彩、活得舒暢。當然，最重要的，還是要「順流而行」！

在愛和光中，
德芬（知名身心靈作家）
部落格：http://blog.sina.com.cn/tiffanychang

序文 |

# 讓情緒指引美好人生

傑瑞・希克斯

**真**好看！對想讓生命更美好的人而言，這真是一本好書！」愛思特寫完這本新書時，忍不住發出讚嘆。愛思特和我一同撰寫、出版書籍將近二十年，這是她第一次直接跟我說：「真好看！」而不是問我：「你覺得如何？」

在所有過去出版的系列書籍裡，我認為這本書最創新、也最具影響力。或許有些讀者會因此覺得書中的概念太過複雜、先進，而不容易理解。相反的，也可能有些讀者會覺得內容過於簡單，甚至不宜出版。

我寫這篇序言的用意，是想給予一些指引，讓你們不會覺得內容過於複雜或簡單，然後進一步體認到：**本書裡所有的概念與先進的資訊，是每個想要實現自我或對他人有更多貢獻的人，都能夠立即運用的。**

現在，假設有人告訴你以下這些事情，你做何感想？

- 人的一生是有目的的，你的人生目的會為你帶來更多喜悅，衡量此生成功的真正標準就是你是否感到喜悅。
- 生命的本質是自由，你不僅一出生就擁有，更因為有選擇如何思考的自由，所以會一直擁有它。
- 每當產生一個能帶來正面感受的想法，你就實現了生命的目的，而且對整體存在的進步、演化與幸福有了貢獻。
- 你腦中看似堅定的信念，其實只是由持續縈繞在你腦海裡的偶發想法凝聚起來的。從你誕生那一刻起（甚至更早之前），這些想法以及由想法累積而成的信念，大部分都受到了前人的左右。
- 事實上，你的生命經驗是由你的主要思惟所構成，而且你持續關心的想法假以時日就會變成事實。一樣的道理換成其他說法，就是：「我的恐懼成真」、「照你們信的成全你們」、「思考致富」、「物以類聚」、「種瓜得瓜，種豆得豆」……。

倘若上述這些說法引起你的注意，你會不會想親身驗證它們是否為真？你會不會想更加明白其中某些說法？也許你受到了鼓舞，想把某些說法化為實際的行動？

有些人讀到這些文字時，可能會覺得似曾相識，好像內心深處有一度曾記得這些概念。如果你也有這樣的感覺，你也許就能立刻運用本書中的概念，重新了解「自己最真實的本性」（who-you-really-are），並思考此時此地你的生命有何價值與目的。

你所謂的良知，也就是你被灌輸用來分辨是非對錯的信念，是由外在加諸你身上的，所以，只要出現影響你想法的人，你就會修正這些信念。換言之，我們的良知，會受到恐懼、讚賞、告誡，甚至是獎賞或處罰（無論何時會來到）所左右。有些人因出於恐懼，便想控制他人，為了讓這些人良心得到平靜，每一個新世代都被吩咐要「讓良知成為你的指引」（甚至連知名卡通「木偶奇遇記」裡的小蟋蟀都這麼說）。

也因為每一代的文化、社會、宗教、統治者、領導者、老師（和父母），都試圖將他們的信念系統灌輸給下一代，所以我們會發現自己所處的世界，充滿了相互矛盾的觀念，甚至導致彼此廝殺與爭戰，無從判定該讓誰的良知引導我們。換句話說，我們到底要依循哪一套思想、理念或良知來分辨是非對錯呢？

你會不會捫心自問：**我應該要以哪一套思想、信念或良知做為指引**？其實，你從本書的英文副標──「讓感覺成為你的指引」，就能找到答案。但是，如果人生的目的是發

現讓感覺更好的方法……而如果思想等於信念，又等於情感，因而等同於經驗……又如果根據吸引力法則（即同類相吸），我能夠藉由改變思惟來改變經驗……那麼我要如何確保自己的思想／信念最終能夠吸引到真正讓我快樂的事物？

這就是我們想要回答的問題，也是本書內容最獨特的地方。簡言之，答案就是：**我會讓感覺做為我的指引。**

本書也是為了回應世人想追求更多的渴望所寫，這本書並不是想修補或拯救世界——這個世界不想、或者也不需要如此——**而是要幫助每一個人在不斷創造自己想要的快樂與圓滿人生的同時，也允許他人創造他們想要的人生。**

**不論現在感覺多好，你總是想要更多。不論感受多好，你都想更好。這就是宇宙之所以能永續拓展的真理：再多！更多！還要多！更多拓展，更多表現，更多探索，更多渴求，更好的生命！**

地球上住著數十億人，每個人都在追求更美好的人生，尋求比現在感覺更美好的方法。每一個時刻，每個人都在允許自己選擇，要接受或拒絕幸福。同樣的，其他數十億人也面臨相同的抉擇。事實上，沒有任何我們提出的要求，是富饒而無垠的宇宙所不能給予的，唯一的例外是當我們不允許自己擁有選擇的時候。

這本書與其他書籍相比，有點獨樹一格。不過，本書不可或缺的基礎思想，同樣來自1985年之後我們陸續收集的、上千個提問的答案。

在我下筆的今日，世界上已經很少有人沒聽過吸引力法則，但是當年我們開始推廣這個概念的時候，很少人聽聞過。接下來的二十多年，許多作者、編劇和電影導演訂閱了每週課程，他們開始發現這套詮釋生命與自然宇宙法則的獨到見解，如此具有力量與價值，於是紛紛將這些概念，尤其是吸引力法則一詞，放入創作中。他們會稍微改變用詞，然後以自己的名義發表對這個概念的看法（當然偶爾也有人提供引用出處）。時至今日，吸引力法則一詞已經深植人心，甚至傳播到了全世界。

各位對以下這件事可能會感興趣：我在1965年首次讀到拿破崙‧希爾（Napoleon Hill）的經典著作《思考致富聖經》（*Think and Grow Rich*）之後，親身實踐了書中的道理，而且獲益良多，因此我開始以《思考致富聖經》為教材，傳授自己所學到的真理。

我當時立下的使命宣言，至今依舊不變。我希望與我接觸的每個人都能因為彼此的互動而提升生命；他們或許維持現狀，但不會有人因此向下沉淪。

在傳授希爾的成功祕訣幾年後，我才發覺，只有少部分學生能夠達到我原本預期的成功境界。雖然很多學生確實致富，但還是有人不論上了多少堂課，財務狀況依然不見起色。

在這本書中前九頁，希爾不斷指引讀者去尋找祕密〔他提到「隱藏的祕密」（the hidden secret）高達24次〕。從1965年到1982年間，我大概讀了《思考致富聖經》不下上千次，但一直都不太確定他所謂的「祕密」到底指的是什麼。我隱約感覺到，其中似乎少了什麼東西。在致富的公式裡，應該還有別的要素存在才對。於是，我開始去尋找其中失落的連結。

雖然在尋覓的過程中，我閱讀了各式各樣的哲學書籍，但《思考致富聖經》仍然最貼近我想要尋找的答案。直到後來我才知道，其實希爾領會的原則很多都沒有收錄在書中，原因是當時的大眾市場無法接受這樣的概念。此外，他在書中所寫出的祕密都被刪除了！

大約三年前，我發現《思考致富聖經》的完整原稿。這個版本由麥爾文‧鮑爾先生（Melvin Powers）的Whilshire公司印行。我把完整版與自己用了四十年的精簡版拿來逐字比對之後，才驚訝地發現，原來書中提及的「祕密」都被技巧性

地刪掉了。

難怪我遍尋不著希爾所說的祕密，因為它根本就不在書裡！我將不再贅述比對的結果，只告訴各位一件事，那就是「振動」（vibration）一詞被刪了37處。結果就是，希爾當時領會的「成功祕訣」其實有絕大多數並未出版，因為他試圖公諸於世的「真理」，在第一版中遭到刪除。

現在，讓我們把時光從希爾的著作出版的時間往後推移七十年。以下要提及的，是愛思特和我試圖將「真理」公諸於世的一段經驗，我們在過程中獲得許多有趣的啟示。

有位電視製作人希望把我們的經歷拍攝成電視節目。之後，她帶著攝影小組到我們的一艘幸福探險號遊輪上，拍攝了一段工作坊進行的過程。在偶然的機緣之下，這段影片在澳洲電視網公開播放完整的節目之前，先製作成DVD形式傳送，最後引發了廣大的迴響。全世界有好幾百萬人都看過這段影片。雖然節目名稱是《祕密》，而且廣告主打的是發掘不為人知的「成功祕訣」，但很少有觀眾知道，他們真正想掌握的「祕密」，再度被隱匿……。節目播出之前，我們接獲通知說，高層指示他們必須刪除某些關鍵字，而「振動」就是其中之一。

愛思特和我震驚不已！七十年之後，還是有人基於「保

序文　讓情緒指引美好人生　17

護」大眾的理由不讓「振動」一詞公諸於世。因此，《祕密》一片背後真正的祕密是，「祕密」其實並未揭露出來。

你如果知道一切內情，難道不會懷疑，經過層層「審查」之後，媒體上還能留下多少「真理」？不過，我後來發現，媒體之所以刪除這些啟發人心的創新哲理，並不是真的想刻意隱瞞「真理」，而是基於商業考量，好順應他們所認定的市場潮流。此外，也有許多本意良好的作者，為了讓先進的概念更容易為大眾所受，會刻意採取淡化或改寫的策略。

上週（2007年3月），出版社告訴愛思特和我一項好消息，那就是《吸引力定律》（從我們1985年的錄音改編而成的著作）一書在《紐約時報》暢銷書排行榜上躍升到了第二名。還有，自2004年前Hay House出版社發行了我們第一本書《有求必應》（*Ask and It is Given*）之後，它就一直名列亞馬遜網路書店排行榜前百大暢銷書。另外，我們的有聲書系列，也在上週成為iTunes下載排行的第三名。從這個月開始，我們的系列書籍會在沃爾瑪百貨（Wal-Mart）、山姆俱樂部（Sam's Club）、標靶百貨（Target）和好市多（Costco）販售。也就是說，在全美超過一萬家的大型零售賣場和書店，都可以看到這些書籍。這個月，我們也很榮幸能夠受邀與最傑出風趣的電視名嘴歐普拉一起錄製三個廣播節目。

愛思特和我最開心的事，莫過於提供一個平台，讓來自不同背景的人共聚一堂，分享彼此的觀點，能夠親身感受到宇宙的訊息在大家提問之下不斷修正、調整，然後持續演變與拓展，想必就是愛思特和我此生的使命。我們之所以能夠如此確信，是因為做這件事的同時，它帶來的感覺真的太美妙了！

## PART 1
# 發現情緒的驚人力量

# 第一章
## 歡迎大家來到地球

**就**這樣,你誕生了,用美妙的肉身活在這宏偉的星球上。雖然這不是你第一天來到地球,我們仍然要歡迎你。說歡迎或許有點奇怪,畢竟你已經在這裡生活了好一段時間。我們之所以這樣說,是因為我們想幫助你對此生此世、對你的存在,甚至對你自己,能夠有一個全新的理解觀點!我們渴望能從更為宏觀的角度,幫助你在這一生領悟「生命永恆計畫」的完美性。

我們知道你以為自己的生命是開始於這個肉身誕生在世界上的那一刻,但其實你的生命遠在更久以前就已經開始。這有點像當你走進戲院看電影,你便以為那是生命的起點。

你可能會反駁說,從現實的觀點來看,走進戲院與誕生出世完全是兩回事,因為當你走進戲院時,你並未忘記之前發生的事,你依舊記得進戲院之前自己是誰,做過些什麼。

而且你十分清楚，進入戲院「之前」、身處「其中」與走出戲院「之後」是有延續性的。換句話說，當你走進戲院時，你並不會覺得自己像是展開了一個全新的生命。

但是，我們要試著稍微延伸你的視野，讓你開始明白，你並不是從這個肉體——你現在將此肉身稱為「你」——誕生時才開始的。我們想要在你的內在重新喚起一個更大的延續感，讓你回憶起在進入此肉身之前的你。甚至，我們還希望你能讓自己成為那「更大的視野」（Broader Perspective），既專注地活在此時此地，也不忘記自己的「本來面目」（who-you-really-are），以及當初為何會進入這個肉體。

當然，你可能還會說：「和出生那天不一樣的是，當我走進戲院時，我是個成熟的人，不但會說話、會走路，還能自食其力。」我們當然明白，那尚未成熟的幼小身體，會讓你覺得那是你生命的開始，但事實並非如此。你的新肉體與新環境提供了一個嶄新的機會，讓一個既古老又有智慧的存在體（Being），能以新的方式持續擴展。

當你再度從更大的視野看見自己的本來面目時，你會大幅提升對此生經驗的欣賞能力。當你能從這個更大的脈絡來看待地球上的生命時，恐懼自然會降低，對生命本來就有的渴求也會在內心整個爆發出來。

## ✻ 信任的價值

　　所以，現在我們是從最宏觀的角度來看你和你的生命，並試圖解釋給目前的你聽。在本書的第一部分，我們將會說明我們如何看待你、看待我們自己，以及我們彼此之間的關係。我們無法把我們的觀點強加在你的身上。然而，只要你帶著信任的態度或求知的渴望去閱讀及思考，隨著你讀過的書頁，我們就能建立起足夠的連結；因此等你翻到最後一頁，你將能了解並掌握我們的觀點。倒不是因為我們的話語有那麼大的力量能改變你，而是因為我們話語中的道理，再加上你自己的生命經驗，讓你的信任或渴望，轉變為明白。

　　這是多麼美好的生命境界啊⋯⋯對自己的生命存在與存在的理由明白無疑，並且徹底領悟「自己的一切」（all-that-you-are）。然後，你便能繼續完成當初來此的目的：**在喜悅中，活出永恆擴展的生命！**

## ✻ 這美麗的星球讓你傾心

　　雖然對你來說，以新的肉身來到地球上，並不是什麼新的想法。但是在你誕生之前從無形界的觀點來看，你明白這次新生的所有意涵，也因此你對這個想法感到欣喜若狂。你知道自己即將出生的環境是完美安穩的，你也對這個環境的繽紛多元感到熱情澎湃。

讓你感受最深的是這個環境的自由與無限性。在你出生之前，這星球上美麗豐饒的樣貌讓你無比傾心；等著你去探索的各種人物及觀念，是那麼美好多元，也讓你興奮不已。在你準備要進入這個肉體的時候，你對這星球上的人所抱持的觀點沒有任何顧慮。你從不覺得自己有必要來這裡糾正他們、指出他們的錯誤，或者更正他們的方向。

　　在你眼中，這個星球豐富多變且完美，而且你迫不及待地前往，那種心情難以言喻。由於你來自於一個安全穩當的有利位置，所以對於進入這個地方或即將面臨的環境，沒有任何警戒或憂慮。相反的，你知道自己內在擁有許多資源，不僅能夠應付新環境，還能開發這個新環境，因為這正是你永恆生命的喜悅擴展。所以，你來了——雖然你並不是剛到這個世界，但是你剛剛讀到的每一件事都還是那麼真實。

　　我們渴望能幫助你再度明白在你進入這個肉身之前是怎麼樣的情況，好讓你現在就能以原本預期的方式，透過這個美妙的身體，在這個棒透了的星球上，體驗無比豐盛的生命經驗。

## 第二章

## 記得真正的自己

　　這本書的核心是完整地說明情緒的力量及價值、如何了解情緒，還有如何有效地運用情緒的指引。雖然我們很想趕快進入正題，但首先，我們還是必須讓你從一個更宏觀的角度來了解你的永恆本質。

　　當你第一次讀到有關「你的永恆本質」的描述時，你可能會覺得不太習慣，但是一旦你能消化吸收，進入狀況之後，你就會覺得這些敘述似曾相識，因為在你生命更深、更寬廣的層次中，你早已明白這一切。所以，以下這些話只是在幫助喚醒你的記憶：在你所在的物質界，習慣用具體實在的語彙來描述所經驗到的一切，也因此，你可能會將「無形界」（Non-Physical realm）定義為「沒有空間的空間」（non-place，或譯「非地方」）。即使無形界與物質界是如此天差地遠，而你也無法清楚明確地感受到無形界的存在，但是，

無形界確實是存在的，它如此真實浩瀚，也是一個充滿了純粹的正面能量的地方（或者說，非地方）。

在你出生前，你在無形界中是完全清醒覺知的。換句話說，當時你理解自己的方式，與現在你認識自己的方式相同——在物質界中，你透過由自身觀點形成的鏡片觀察世界、詮釋所見；在無形界的你也是一樣，你也是由個人所抱持之最強大的觀點，來詮釋所看到的一切。這個沒有肉身時的你（Non-Physical You）具有無限擴張的特性，並且由此感知生命，從這麼棒的視野去觀察、思考、想像、沉思、認知與感覺。

所以，你是從這個具有廣闊視野的無形界，進入到這個肉身的。現在的你，即是無形界中那個純粹的正面能量之延伸。當你出生時，你就穿上了這副肉體的外衣，產生了個性，然後成為現在大家所認識的「你」；然而原本無形界中那個有意識的存在，並沒有因此消失。就如同一個思想家「想出」一個想法，但是他卻和這個想法是獨立開來的。同樣的道理，無形界的你把你「想」出來之後，依然獨立存在於這個被想出來的「你」之外。

所以，物質界的你乃是來自於比物質界更為優越的「無形界」。意念的振動頻率從無形界延伸出來，投射到物質界，匯集到你母親子宮裡孕育成長的胚胎，你就這樣誕生了。於是，原本只是思惟、想像中的思想，現在成為物質的

實相。也就是說,你這個「想法」現在變成了物質實體,而當初把你想出來的那個無形的你,它的存在焦點還是在無形界,卻因為你的肉身化現而擴展出去,變得更為廣大。

現在,不僅無形界的你擴展開來了,而且你還擁有兩個很有力量的觀點:物質界的觀點與無形界的觀點。這二種觀點之間的關係非常重要,因為你生命中的一切,都與它們息息相關,端看它們如何交流互動。

**我們撰寫本書的目的就是要幫助你了解,唯有發現情緒的驚人力量,你才能清楚明白「有形的你」與「無形的你」之間的關係。**

## ☀ 你與內在自己的關係

在定義和描述你的二種重要面向時,我們認為把「有形的你」稱為「你」,而將「無形的你」稱為「內在自己」(inner being),這樣會更為清楚。你也可把「內在的自己」稱做本源(Source)、靈魂(Soul)或神(God)。不過,我們喜歡稱它為「內在的自己」,因為它就是你的根源,你也能從內在感受到它的存在。

所以,你內在的自己從無形界將意識投射成為物質界的你,你就這樣誕生了。而現在你在這裡生活、呼吸、思考、存在──與此同時,你內在的自己也同步地在生活、思考和存在。

你現在所感知的時空，我們喜歡把它稱為思想的最末端（the Leading Edge of Thought）。如果你想知道，內在的自己如何從無形界擴展成你的生命經驗，那麼最容易的理解方式，就是把這個有形的世界，看做是本源往外最遠的一種延伸。

對於肉體出生前的生命源頭，人們抱持著各種想法。其中有一種共通的想法──其實真相剛好相反──這個錯誤的想法認為神是無形的，因此是完美、圓滿的；而人被賦予有形的物質生命，為的就是要努力達到神的完美性，或者達到與神並駕齊驅的境界。

我們要各位謹記的是，這個肉身的你，即是人類所說的「神」的一種延伸。由於你是「神」（本源）最遠的延伸，所以神也是因為你、透過你這個延伸，和你一同體驗生命。

當我們用「神」一詞來指「無形的能量本源」時，我們發現大家對「神」這個字眼已有某些成見，容易讓人們無法更加清楚地了解我們所要表達的。因此，我們很少用「神」來形容這個無形的能量本源。由於使用「神」這個標籤，容易引發既有的成見，所以我們改用「本源」一詞取代之。而且，即使你並未覺察無形本源存在、或者也不知道你和它之間的連結，但它依然透過你持續不斷地擴展。

## 第三章
## 你是宇宙的延伸

**所**以,你曾是無形的本源能量(現在依舊是);你在那樣的狀態下,將一部分的意識投射到這個物質肉身。你就這樣來到人間,在這宇宙末端的時空裡,探索著美妙的一景一物,以及各種對比性的事物。

此時,你在這個肉身裡,身邊充滿著美妙對比的生命經驗,並且透過肉體感官來「認識」(decipher)這些經驗的細節。當你經歷你的人生時——日復一日、一段接著一段——你個人對生命的新認識,對宇宙來說,就是一種「擴張」。

你觀察這個世界,是透過你的眼睛看、透過你的耳朵聽;你透過你的感官來聞香、嚐味、感受觸感。換句話說,**你只能從自己覺得重要的個人角度來觀察這世界。在這個自然而然的過程中,你不由自主地會產生新的喜好,對心中認為更好的東西產生渴求。也就是說,當你從這種「自私」**

的觀點來生活時，你會發現進步的空間。許多朋友都不喜歡「自私」這個概念，這是因為他們誤解了生命的基本原則：你無法不自私，畢竟你只能由自己的角度來觀察、感受和存在。所有的意識體（All points of Consciousness），甚至一個單細胞生物，也都能感知，但全都是從當下所持有、不斷變化的自私觀點，來感知這個世界的。

## ✹ 無須言語，你也在創造

當你活著的時候，藉由自己的經驗，以及觀察別人的生活經驗，常常能讓你清楚明白你不想要什麼。當知道自己不想要什麼，你的內心就更清楚自己想要什麼。有時候這樣的經驗實在是太戲劇化了，讓你很明白地宣示：「我不要那個！我現在終於知道我真正要的是⋯⋯」

**通常當你發現自己不想要什麼，你就會更清楚自己要什麼。然而不論你是否知道這些，每天時時刻刻，你都在這「思想最末端」**（譯者註：意指這個物質世界）**形形色色的生活中，產生新的願望。**

大部分的人並不會覺察到這個生命擴張的過程。甚至在讀到這段解釋文字時，大部分人也不會發現，這對他們的生命經驗有什麼特別的重要性。然而從你擁有肉身之前的無形界觀點來看，這是個無比動人的想法。事實上，沒有其他想法會讓你更為振奮，因為你明白宇宙正是如此擴張的。你知

道，自己在地球上的經驗，促成你內在的擴張；而且正是這時空下絕妙的對比事物（delicious contrast），讓這永恆永無止境。當然，先前處於無形界的你，早就能看到這幅創造與擴張的全景——而這正是我們在這兒再度提醒你的原因。

## ❋ 內在的自己追隨新的願望

因此，不論你是否意識到新的願望，這些願望都來自於現實生活中的種種「對比」……當你明白自己「不要什麼」的時候，你「比較想要什麼」的明確想法就會浮現。這時，你內在的自己（或內在的本源）就會把注意力轉向這個新的想法！

接下來，我們要說明「創造」——包括你的肉身、人類、整個物質界——最重要的部分：當你的生活出現更新、更好的「生命版本」的那一刻，你可以選擇跟它合一，或者選擇抗拒。其實本書在談的，全都是關於你在那一刻所做的選擇——而更重要的是，你的選擇也是讓你人生喜悅（或痛苦）的主要關鍵。因為，那正是你要（或不要）讓自己喜悅地成為「內在的你」的決定點。

因此，在你這肉體出生前，你從無形界觀點（或本源的觀點），帶著滿懷的期盼，知道以下幾件事：

‧你會專注在一個物質肉身。

- 你會生活在充滿各種對比的環境。
- 生活中的對比,將讓你產生改進的新想法、引發你內在的擴張。
- 那個更為廣大的無形界的你(你內在的自己),會全然擁抱你的新想法,並且變成與該想法一致的振動頻率。

## ✸ 思想先於實相

萬物的創造,總是先有思想。你周遭所看到的一切,之前都只是一個念頭或想法——一種帶有振動頻率的概念,待它成熟之後,就會成為所謂的「物質實相」。

當我們處在創造過程的最末端時,便無法回看到那麼遠,一探創造之初的源頭。然而,目前你所見到的物質實相或彰顯物,原先都只是個概念,但經過足夠的思想聚焦,在吸引力法則的作用下,就成熟為現在你所看到的樣子。萬物創造的過程就是如此,沒有例外。

早在人類出現以前,「地球」這個概念已經在無形界中形成。當無形界——人們稱它為「本源」——把它的焦點放在這個概念上,你們那美妙的時空實相就被創造出來……首先,是思想。然後隨著更多的思想聚焦在同一主題上,這個思想就會開始成形,直到人類所說的「實相」彰顯出來為止。因此,和地球創造的過程一樣,你的肉身——被彰顯出

來的本源延伸——透過你的思想,繼續這個地球及其生命的創造。

當你知道自己不要什麼,就會更加明白自己要的是什麼。所以促使你更加進步的想法,是來自於生活中的「對比」。當你在篩檢生命經驗的細節時,每一天每一刻,你都向外發出一連串能量頻率〔我們稱之為願望發射(rocket of desires)〕。隨著每個願望所發射出的振動頻率,你內在的本源——那是你的來處,依舊聚焦在無形界的本源——會把焦點專注地放在你新發展出來的「生命版本」上,然後與它成為一體。當你在生活中不斷地產生更新、更好的願望(不管你有沒有用語言表達出來),那更廣大的無形界的你也在持續跟著擴展。

所有能讓你有所改善的希望、夢想、意圖與想法,都會存放在一種類似「頻率暫存區」(Vibrational Escrow)的地方。如果你願意的話,這裡可以為你保存、管理和滋養頻率,並等著你來提領。它不僅是為你而設,絕大部分的你已經變成它了,並且不斷地向你的物質形體發出召喚。因此,事實的真相是,無形界的你會不斷地召喚物質界的你,以結合成當初來這世界時,理想中所要完成的自己。而那純粹又難以抗拒的召喚,就是你心中感受到的那股熱情或熱忱。

現在,最重要的問題是:你願不願意讓物質界的你,與內在自己新創造、新發展出的你,結合為一體?這個重要問

題的答案,是由你的感覺來回答的。感覺愈好,就表示你愈願意合一;感覺愈糟,就表示你愈不讓自己合一,或者抗拒與它連結。

當你感覺到愛或喜悅──或者任何正向的情緒──你就是與生命要你成為的「擴展版本」合而為一了。當你感覺到恐懼、忿怒或沮喪──或者任何負面的情緒──這個時候,就表示你的注意力已轉向別的地方,沒有讓自己成為新的「擴展版本」……你沒有讓自己跟上自我發展的新腳步。

## 第四章

# 你的存在是一種振動頻率

**你**透過肉體的感官,來感受周遭的事物。這種對周遭環境的「解讀」,發生得如此自然而然——不需要刻意關注或專心致志——以致於,身處物質世界的大部分朋友們沒有意識到,其實自己的所見、所聽、所聞、所嗅與所觸,都是來自於對振動頻率的「解讀」。

看電視的時候,你知道螢幕上的影像並不是真的有很小的人在電視機裡演戲。你知道這是電視收到訊號之後,再轉換成有意義的影像顯示在螢幕上,變成視覺上的娛樂。這個比喻或許不夠完美,但我們所要表達的概念是很類似的:**你就像一個頻率訊號的接收器,透過肉體感官,將這些訊號轉化為你生活中的物質實相。當你和眾多其他振動頻率一起互動時,就創造出不可思議的實相。**

你並不需要其他聰明的人來訓練你,教你運用眼睛看東

西。你的聽覺、嗅覺、味覺及觸覺也是如此，運用五官是如此自然而然，根本無須討論該「如何使用」。也就是說，你身體中的細胞早就知道，如何將接收到的振動頻率，轉化為有意義的生命感受。

## ✹ 第六種感官

除了你熟知的五種感官之外，你還有另外一種人們比較不了解的感官——情緒感官（sense of emotion）。

就如同你與生俱來的五種感官能力一樣，你不需要任何訓練，就知道這「第六種感官」的存在。就如同不必有人教你怎麼看東西、聽聲音、聞香味、嚐味道和感受觸感，你也不需要任何訓練，就能感受到你的情緒。事實上，在你平常生活的對話當中，就可以證明它的存在。你經常會說自己「感覺」如何：「我覺得很受傷」、「我感到很快樂」、「我感覺糟透了」、「我覺得寂寞」或是「我有罪惡感」。

對你及所有你認識的人而言，情緒在生活中，都扮演著非常重要的角色，但是卻很少人能覺察到它驚人的力量與價值。我們就是要幫助你，藉由閱讀這本書，讓你對情緒有更完整的認識：了解情緒如何產生及其代表的意義，還有最重要的，如何利用對情緒的覺察，讓它變得有意義。我們想說的是，你的情緒狀態就是一種指標，可以讓你了解「現在的你」與「內在的你」合一的程度。

## ✻ 回到更大的視野

你曾是由無形界投射而來——至今依然如此。你將一部分無形界的意識投射到這個肉身，然後誕生在這個世界上。你運用身體的感官，感知周遭的一切，並且不斷地發出新的願望。你那還在無形界的部分，看到你的新願望，就會把注意力加諸其上，然後變成它——此時，還在無形界的你便會與擴張之後最新版本的你振動頻率一致。

每天的時時刻刻，你在物質界的生命經驗——遇到的人、讀過的書、看到的東西、有過的體驗——都在驅策你繼續「擴張」，持續發出新的願望。遇到粗魯的人，你希望他客氣些；遭受誤會時，你希望為人了解。當金錢、健康或友情有所欠缺時，你會想要更多這些東西。生命不斷驅策你變成更多。換句話說，你一直都是處在「變成」最新版本的狀態中（以你的標準和感覺來說），因為你無形的部分，一直持續不斷在成為你所想要的一切。

## 第五章
## 情緒是絕對指標

在眼前的生活中,你若發覺某方面有所不足,例如欠缺金錢、時間、洞察力或耐力時,你就會逐漸產生新的願望。每當發現自己欠缺什麼,你就會更清楚自己想要什麼。舉例來說,你生病的時候,對健康的渴望就會增強。隨著每天願望的改變,你無形界的部分也會跟著改變。在產生新想法或願望的當下,內在的自己就會立刻「跟上」。

如果你能像內在的自己般,了解你的「真面目」(who-you-are),你就會把注意力完全放在新的願望上。此時,你會對生命產生一種渴望,內心變得更清晰、身體充滿活力,會有一種難以言喻的美妙感受。換句話說,如果你能「跟上」內在的自己,這種連結的喜悅就會是甜美的。相反的,如果你沒能「跟上」內心最新的進展,你就會因為這連結上的落差,而感到不舒服。

任何時候,你所感受到的情緒都是一種指標,它反映出你與內在的自己之間的頻率振動關係。情緒會告訴你,你當下的想法與其發出的頻率,是否與自己的本源(Source self)頻率相符合。當兩者的頻率相同——或者很接近時——你會感覺很美好;兩者頻率不一致的時候,你的感覺就會變差。因此,覺察情緒並了解它的意義,對意識的進化來說是非常重要的。用很淺顯的話來說,就是:**如果想要在這一生活得喜悅,你就必須找出方法,讓自己與「生命想要你成為的」相一致。**

## ✹ 生命的擴展永不止息

當你在生活中發現,自己沒有足夠的金錢完成自己想做的事,對金錢的渴望就會增加,你的「頻率暫存區」也會立即存入這個願望。在你的生活中,每一件讓你明瞭自己需要或想要更多金錢的事情,都會讓你對與財富相關的願望做出修正。

如果你在生活中覺得,自己的身體或外形不是你想要的樣子,對身體改善的渴望就會增加,你的「頻率暫存區」也同樣會把這個願望存放進去。

如果你在職場上,從人際互動中發現自己的人緣不夠好,你會更加渴望人緣變好;當你對目前的工作感到厭煩,就會更渴望可以換個能激起你熱情的工作;當你看到同事升

遷或加薪的時候，你希望受到肯定與賞識的渴望就會增加。當你沒有重要的情感關係的時候，你對情感關係的渴望就會增強；當目前的情感關係讓你痛苦，你對更合適的情感關係渴望就會增強。

醒著的每一刻，你都會透過生命中的點點滴滴，來擴展自己的生命——而這種擴張是永不止息的。隨著審視生命中的這些內容，你會發出想要變得更好的頻率，你「更大的自己」（你內在的自己，或本源）就會化成你的生命所想要的樣子。

## ✻ 頻率的調整是關鍵

在本書的前面部分，你常讀到我們所說的：如果想要在這一生活得喜悅，你就必須讓自己與「生命想要你成為的」相一致。這不僅是本書最重要的基本前提，也是你快樂人生的根本基礎。

當我們告訴人們：「你缺少什麼的時候，你對它的渴望就會增加」；關於這點，沒有人反對。還有「一旦認清自己真正想要什麼，當你擁有它的時候，你的感覺就會更好」；關於這一點，也沒什麼異議。然而，你必須了解一個非常重要的差別，這樣我們才能幫助你打造出快樂的人生，亦即：**我們所講的是一種心理過程，而非行動過程。也就是說，重點在於調整你的「思想頻率」**，而不是要你採取「行動」來

情緒是絕對指標 41

達到結果。

比如你發現錢不夠用的時候，我們並不是要你去換工作、改變行為，以賺取更多金錢。

當你發現自己超出理想體重時，我們並沒有要你實施嚴苛的節食計畫，或開始密集運動，以減少體重。

當你努力工作卻不受肯定時，我們並不是要你去質問人家，要求他們的肯定，或乾脆辭職，再找個容易獲得賞識的工作。

讓自己成為「生命想要你成為的樣子」，與「行動」完全無關，而是與調整「思想能量」有關。關鍵是，你要專注在新願望的方向，而不是老回頭看著目前的現狀──因為你就是想擺脫眼前的狀況，才會產生新願望。最後你可能會受到啟發而採取某些行動，但這會是出自於調整「思想能量」（使振動頻率一致）而產生的行動。

當你的頻率與「內在的自己」相一致時，受此啟發而採取的任何行動，都會讓你感到非常美好；如果頻率不一致，任何行動都會讓你感覺困難重重。

頻率一致，每分耕耘都能獲得美好的結果。頻率不一致，你再怎麼努力也都是枉然。最後你只會洩氣地說：「這根本無效。」

# 第六章
## 頻率一致就會很輕鬆

**我**們所說的頻率相一致,指的是與你「內在的自己」振動頻率相一致,無關乎他人。聽到我們這樣講,人們有時候會產生疑問,因為好像許多人都認為,問題只出在他人的身上。他們會說:「難道那些人就不用改變嗎?」

是的,你與別人互動是事實;而且,人際間的互動關係,也往往是引起不愉快或問題的根源。但是去要求他人做改變,並非解決的辦法。大部分的人不會為了你,去做任何的改變;他們也不可能一直保持讓你喜歡的樣子。唯一能讓自己感覺快樂的方法,只有使你自己與內在的能量相一致。亦即如我們之前說的,你要讓自己「跟上」那個「更大的自己」。

比如說,你正在享受美好的一天:睡得飽、吃得好、做著讓自己快樂的事——此時,有個你很關心的人走了進來,

他有了困難。不只如此，他還認為你應該幫他解決這個問題。這人可能是你的另一半、孩子、員工、客戶、朋友，甚至是你不認識的人。現在假設，這個人是你疼愛的員工，他與其他你同樣關愛的員工們，發生了相處上的問題。

在聽他訴苦的時候，你會開始覺得自己的快樂、活力和思考清晰度，都漸漸地消失了，當下只感到難過、疲憊和困惑。你保持禮貌地聽著，心裡急著在找尋解決的辦法……在聆聽這些問題的時候，你發覺自己與這問題，產生了一種關係。但是當你知道，自己實在是沒有足夠的時間和知識，來找到足以解決問題的辦法時，你開始覺得受不了。你想蒐集資訊——也許是透過和其他當事人的對談，來了解問題的狀況——然而，當你開始採取行動、在政策或行為上做出檢討及改善建議時，你還是會感覺不好。

聽得愈多，與愈多人討論這個情況，你只會感到愈加無力；因為你會發現這像是無底洞，根本無法釐清事實的真相。就算你可以快刀斬亂麻（如果這真的是你的員工，你也許會全部開除，換一批聽話的新人），但你還是會覺得這樣做並不是辦法。

雖然這種時候，你通常不會有所察覺，但其實眼前正是一個「擴展生命」的大好機會，因為在這不愉快的混亂中，你會產生新的願望。隨著這個狀況出現，你明白自己不要什麼，此時，你會將自己想要的願望發射出去，而無形界中

那個「更大的你」，就會變成與新願望相符合的振動頻率。你現在所感受到的不愉快，表面上好像是因為員工的抱怨所引起，其實是你覺得當下狀況不對勁的想法，與「內在的自己」的新願望有落差所致。

現在，你的振動頻率處於不一致的狀態。當振動頻率不一致的時候，是無法產生真正解決問題的行動的。在不一致的頻率狀態中，產生不出有效的行動、言語，甚至也無法產生有效的思想、概念。事實上，這種狀態所產生出來的一切，只會讓事情變得更糟。

**如果我們是你，我們只會盡一切努力，求得一個結果：我們會想辦法——用任何方法——讓自己快樂起來。我們會盡最大的力量，找出轉化情緒的辦法。因為只要發現情緒轉化的方法，你就走在與能量一致的道路上。**

## ✻ 隨順生命之流

想像有一艘獨木舟，裡頭放著船槳，你坐著它進入河流。然後，你用盡力氣划著船槳，刻意要逆流而行。看見你奮力往上划的時候，我們問道：「何不讓你的獨木舟順流前進呢？」

大多數人會回答說：「順流前進？這樣人偷懶了吧！」

「可是，你能逆流划多久？」我們問。

「不太確定，」大多數人會這麼回答，「不過，我非得

試看看能划多久。」

如果我們繼續問下去,多數人會這麼解釋道:「這裡的每個人都這樣啊」、「我母親、還有我外祖母,他們也都是這麼做的」、「任何有出息的人,都是逆流勤勉工作的」、「所有的獎品跟紀念碑,都是在表揚那些逆流而上、堅強不屈的人。」

「至少,」人們常常還會補上一句,「當我們為這些孜孜矻矻的人鞠躬盡瘁,死而後已,甚至還有可能會名留青史呢。」

我們觀察到,人們愈來愈懂得如何對抗水流,肌肉更發達,船身更流線,船槳也愈做愈好。通常,我們會很有耐心地,聆聽人們種種堅持逆流而行的理由。但我們要解釋一件最重要的事:逆流得不到你想要的任何東西!

我們之所以如此肯定——逆流得不到你要的東西——是因為我們了解這條生命之流。我們了解它的源頭、清楚明白它如何從一條涓涓的細流,變成澎湃洶湧的大河。我們認識這條生命之流,了解為什麼它會如此流動;也知道如果你順流前進的話,它會帶你到哪兒去。

這一條「生命之河」(Stream of Life)早在你擁有肉身之前,它就在流動了。從無形界的觀點來看,當你發出意圖,決定「穿上肉身」來到這世界,你就為這生命的激流增加一注水流。如今,焦點已轉向肉身的你,仍然藉由篩檢生命經

驗——從明白自己不要什麼，自然地發出「想要」什麼的願望——繼續為這股生命之流注入更多的活水。因此，隨著你發出的每個願望，不論它是大、是小，都會促進生命之河的流動。

每當你想要超越現狀，「無形界的你」就會隨著你所發出的願望，成為你想要的振動頻率；你的每個疑問，都會形成一個答案，你「內在的自己」也會隨即將焦點轉向它。你遇到的每個狀況，都會出現解決之道；你「內在的自己」不只會將焦點轉向解決之道，還會和它的頻率合而為一。

如果你願意隨著「生命之流」順流前進，這股激流將會帶領你實現生命中的一切夢想——因為一切早已俱足，它們就在你的「頻率暫存區」裡頭，只等待著你流向它。

## ✱ 內在的自己早已與願望合一

當你想要超越現狀，要求新的東西時，那個「更大的你」——亦即你「無形」的部分、「本源能量」或「內在的自己」——就會變成新願望的振動頻率。先前我們曾經說過，你的生命會持續不斷地演進，隨著你發出的新願望，你「內在的自己」就會成為那個「擴大後的你」(expanded you)。

吸引力法則是宇宙中力量最強大的——它掌管一切的振動頻率。一切萬物——包括看到或沒看到的、具體的或不可見

的、電子狀態或物質狀態的、有形或無形的——都被這強大的宇宙法則影響和主宰。簡單地說，這法則談的就是：**本質相同的，就會互相吸引**。不論是從電子物理理論中獲得科學的證據，或是發現自己對事物的慣性想法，確實會造成「境由心生」的事實；許多人都從自身的經驗中，察覺到這個強大法則的存在。

這強大的吸引力法則，會對那「更大的你」的頻率做出回應，而當吸引力法則對那「擴大後的你」做出回應時，就促成了生命之流的流動。因為生命之流的動力，正是來自於吸引力法則的作用。

本書所要回答的「大哉問」是：你——這個肉身形式的你——與「擴大後的你」之間的關係是什麼？還有，你是否有讓現在的你跟上「擴大後的你」的振動頻率？

## 第七章
## 與內在自己的頻率落差

**由**於生命促使你不斷地擴展,同時吸引力法則也在回應那「擴大後的你」的振動頻率;所以現在,你可以很清楚地感覺到,你對這股能量流動的反應。

你所感覺到的這些反應,就是你的情緒(emotions)。如果你當下的思想,是與「更大的你」的頻率相一致,你就會因為這種和諧,而產生正面的情緒;如果你當下的思想,偏離了「更大的你」的頻率,你就會因為頻率的不一致,而產生負面的情緒。

所以,讓我們再回到獨木舟的比喻:**當你自己順著生命之流,自在地漂流,毫無抗拒,你就能填滿「現在的你」和「更大的你」之間的落差,然後你會透過正面情緒的形式感知到兩者的頻率是一致的。然而,如果你還在划著槳逆流而上——與進化的「自然之流」背道而馳——這種對「生命之**

流」及「更大的你」的抗拒,就會以負面情緒的形式,讓你感知到它們頻率的不一致。

## ✻ 情緒的引導力量

如果有個不認識的人對你說:「嗨,雖然你不認識我,可是我想告訴你,以後我再也不會跟你聯絡了。」你可能會回答:「好啊。」因為對方是陌生人,所以就算再也見不到他,你也不會感到失望或難過。可是,如果是很重要的人對你這些話,你就會產生很強烈的負面情緒。

你所感受到的情緒,其實是一種「頻率落差」(vibrational difference)指標,指出你當下的思想與你的願望之間的落差——也可以說是願望和信念、願望和期待之間的落差。我們要說的是,**情緒可以顯示出,目前仍受自己想法影響的「你」與「真正的你」**(who you have really become)**之間的振動關係**。

舉例來說,當你為自己感到驕傲,這種感覺就表示:你「內在的自己」(譯註:同前述「真正的你」)的振動(或思惟)頻率,是與此時此地的「你」的振動(或思惟)頻率相一致。當你感到羞愧或尷尬,就表示當下你對自己的看法,與「更大的你」(譯者註:亦同前述「真正的你」)對自己的看法,是不一致的。

在情緒對你產生意義之前——亦即願意讓情緒給予你正

確無誤的指引之前——你必須先了解到，你是具有「雙重觀點」的存在體，而且這兩種觀點永遠息息相關。你「內在的自己」或「擴大後的你」，永遠跑在你生命的最前端，不停地召喚你走向它。如果你讓自己走向它，就會感受到熱情與衝勁；如果不讓自己往該方向走，你就會感覺到不滿足和不安。

**這是無法避免的循環：如果你想要喜悅，就必須讓自己與生命「要你成為的」相一致；但除非你感到喜悅，否則你不可能與生命「要你成為的」相一致。**

## ✹ 透過情緒了解頻率落差

你從經驗中得知，你會根據所發生的事、所看到的事物、以及你所抱持的想法，產生各種不同的情緒感受。不論你的情緒是正面或負面，它都是一種頻率的指標，指出當下的「你」與「更大的你」之間的頻率關係。情緒會指出你與「真正的自己」之間相符合的程度；它會立即告訴你，你是否有「跟上」你自己。

長久以來，人們用許多不同的字眼，來描述各種不同的感覺或情緒。由於眾多的人感受到同樣的感覺，加上世世代代的人都有共通的情感經驗，於是大家對形容感覺的詞句用語，就逐漸形成某種共識。

**我們非常希望你能感受到熱情、愛與喜悅，而非恐懼、**

怨恨或忿怒。然而,我們了解這些情緒的振動原因,所以我們並不打算把你從恐懼直接帶到喜悅來;因為我們知道,這二種情緒的差距實在太大了,無法一下子就跨越過去。事實上,也沒有這樣做的必要。讓感覺循序漸進地愈變愈好,不但是必要的,也是唯一可能的方式。

## ✺ 逆流得不到你想要的

你所看到的一切(大地、天空、河流、建築,甚至人和動物),在它們成為你眼前的實物之前,只是一種「思想頻率」(thought-vibration)的存在。大多數人對此並不了解,因為你們已處於思想的末端。再者,由於你們的五種感官,對於影像、聲音、味道、口味和觸感的反應,已經過於快速和理所當然,因此你完全不知道它的「解讀」過程。生命就是這樣,你就活在這樣的世界。

但是,只要你能理解這個概念——你眼前的一切,其起源都是先由「思想頻率」開始,然後變成「思想形式」,最後才變成「彰顯物」——你就能更清楚地看到創造的過程。你不僅會更明白「生活經驗」是怎麼產生的,你也能感受到那承載萬事萬物的生命之流。

「逆流得不到你想要的」的原因是,你的願望——你已考慮過、並已提出請求——早就在實現之中。這就好比一個圓形的物體,它會自然地從山坡上自己滾下來,毋需再借助任

何其他的外力。**你的願望也是一樣,它會自然地水到渠成。一旦生命讓你產生了願望,你的工作就完成了;其他的,宇宙的力量和法則會自然去接管。**

我們認為「生命之流」是最佳的比喻,來說明這種自然進化的模式:你的每個願望——不論它是大、是小——都能為這股「生命之流」加入一注活水;**而你所想要的一切,早就都存在,只要你順著生命之流,就能輕易地找到它、體驗它、擁有它,或者活出它。**

# 第八章
## 生命的自然循環

我們喜歡獨木舟那個比喻,因為它道出了重點——逆流而行是徒勞無益的。只要你記得自己就是本源能量,從這本源進入這具肉身;藉由這個肉身,你在物質世界中發出願望。本源會變成這願望,並且會召喚你走向它,於是你就能知道,真實的「生命之河」是什麼,以及為何逆流而行、對抗這股生命之流只是徒勞的原因。

如果你仔細思考以下這些觀念,讓它們進入你的思惟,直到這些觀念成為你生命的基石,那麼你就能夠實現此生來到人間的目的,並且在往後的生命中,過著喜悅美好的人生。

- 在你出生之前,在本源的世界,你生起要進入肉身的念頭。

- 在本源的世界，你有了「自己」這個概念。
- 吸引力法則呼應這個概念，讓「你」以物質身出現。
- 住在這物質身的你，生起各種擴展生命的理想。
- 吸引力法則回應這些理想，讓它們具體實現。
- 從現狀的基礎上，你生起另外一種想法。
- 吸引力法則回應那個新想法，於是生命流轉的動力產生。
- 那個動力──由吸引力法則回應你的想法所引發──就是生命之流。

　　只要意識到自己永生不滅的本質，生命是「無盡擴展」的概念就不難了解。

　　既然意識到自己是無盡擴展的生命，那麼你會生活在這麼豐富多元、不斷有新創意的地方，也就不足為奇了。

　　知道自己是永恆的存在，只是現在暫時把焦點放在這物質界──能了解到這一點，就更能看清楚創造的歷程。

　　當你記得「內在的自己」會對新的想法做出回應，你就能覺察到生命之流的推動力。

　　最後，當你了解到，吸引力法則會以當初創造世界的同樣能量，來回應你最新的想法時，你就會更深刻地感受到這股生命之流的動力。

　　從宇宙法則宏觀的角度，以及你在其中所占的重要位置

生命的自然循環　55

來看，我們可以很明確地提醒你：你所要的一切，都在這壯麗的創造之流中。當你能輕鬆地進入那「躲不掉的幸福」——這是你真實應有的狀態——你就開始能以你出生前所想要的方式，過著你的生活。

### ❋ 把槳丟掉

大部分的人，都會不斷地去計算現實和理想之間的距離。他們會問：「我還要走多遠？我還要做多少努力？我還得減多少公斤？我還需要多少錢？」其中最主要的原因是，處在物質世界的人們，常有採取行動的傾向。

然而，我們希望你了解，當你開始能以振動頻率和思想的角度來看世界，而不再採用行動、時空和距離的觀點，那麼你拉近現實與理想差距的能力，就會愈來愈強。

有時候，就算我們跟你講了類似「獨木舟」那樣的比喻，你還是會傾向採取行動。換句話說，你雖然接受我們說的前提——你要的東西只要順流前進就能得到——但同時又希望我們能指點一下，好讓你能夠快點順流前進：「我要怎麼順流，才能快點達到我的目的？我願意更專注、更努力、付出更多時間！」但是，我們要你了解，這種堅決的態度，只會導致你再次變成逆流。只要順著「生命之流」，你就不需要裝馬達來讓船變得更快，這股生命之流自然會帶著你往前走……把槳丟掉吧！

**當你不再划著槳逆流而行——放掉你的槳，放輕鬆，讓自己回復到自然的幸福狀態——這股永遠流向「願望的方向」的生命之流，自然會帶領你完成夢想。**

只要還抱持著需要克服某些困難的信念，這就表示你還在逆流的狀態；只要了解到，一切的願望其實都很容易達成，這就表示你處在順流的狀態。一旦了解到這點，你就是在實踐「隨順的藝術」（Art of Allowing）──讓「自然的幸福」流向你，而你也流向它……讓自己變成「生命想要你成為」的樣子。

# 第九章
## 吸引力法則不需要實踐

**想**自主自己的人生,你就必須了解三個力量強大、值得認識的宇宙法則。其中第三條法則,就是「隨順法則」(Law of Allowing)。如果從第一條法則,依序解釋到第三條似乎比較合理些——我們先前的幾本書就是這麼安排的。但是,我們要在此特別強調這第三條重要法則;因為,你來到這世界,進入這個時空,為的就是要來學習這個法則。想要成為「自主的創造者」(Deliberate Creator)——這是你來到這世界的目的——你就必須去實踐這個法則。至於第一條法則——吸引力法則——並不需要實踐。事實上,你也無法實踐。因為它遍及宇宙的每個地方——它本來就是如此。

就如同地心引力不需要實踐一樣,地球上所有的一切物質,時時刻刻都在受地心引力的影響。吸引力法則也是如此,不需要你去實踐它。你不需要「地心引力專家」教你如

何防止自己「往上掉」——這是不可能的事,這根本不會是「問題」;因為你根本沒有「往上掉」或「往下掉」的選擇,你永遠只會「往下掉」。同樣的,你並不需要去實踐吸引力法則,好讓這強大的法則對你做回應……就算你根本不知道這法則的存在,它還是會把與你「振動頻率」相符合的東西,帶到你的面前來。

三個威力強大的宇宙法則中的第二條,就是「自主創造法則」(Law of Deliberate Creation)。只要你刻意地將注意力與念頭,集中在你想要的「結果」上,那麼,不論你想要成為什麼、想做什麼或想擁有什麼,都可以辦得到。在你居住的這顆美麗星球上,你所看到的一切,都是運用這條強大的法則,所形成出來的結果。無形界的本源能量,同樣也是運用這個法則——藉由強大的意念集中(powerful focus),創造出地球上的生命——目前在物質世界的你,仍然透過相同的方式,繼續不斷在創造中。

## ✻ 活出隨順的人生

前二個法則是非常重要的。知道這二條法則,對「你」及「一切存在」(All-That-Is)來說,會有極大的價值。不過,**唯有了解和運用第三條法則——隨順法則——你才會真正知道,你個人全部力量的所在。**

吸引力法則說:「本質相同的,就會互相吸引。」意思

就是說：如果我因為近來的種種遭遇，覺得自己不受重視；那麼吸引力法則就不會安排重視我的人，出現在我的身邊。否則，這就違背了吸引力法則。

如果覺得自己胖，因而不喜歡自己的身材與感覺；這麼一來，無論如何也找不到必要的方法或心態，來讓自己感覺更好、身材更美。否則，這就違背了吸引力法則。

如果我對財務狀況感到無力，覺得情況不可能改善。在這種充滿無力感的情形下，若財務狀況竟然能變好，這就違背了吸引力法則。

如果有人利用我、欺騙我、侮辱我，甚至損壞我的東西，因而我覺得非常的生氣；那麼你不論採取什麼行動，都不會阻止這些事的發生。否則，就違背了吸引力法則。

吸引力法則只是準確無誤地，將你發出的振動頻率，以無數種形式回饋給你。簡而言之，現在發生在你身上的每一件事，都與你當下的振動頻率，完全一致——你內在的情緒，正反映出當下的頻率狀態。

一旦知道吸引力法則的強大力量，許多人就會下定決心，要更加掌控自己的思想，因為他們已經了解到「意念專注」（focusing thought）的強大力量。人們藉由各種方法，想要更有效率地控制意念——方法從催眠、潛意識控制，到靜坐冥想、自我肯定，或強烈的「心智控制法」等等都有。

不過，要滿足快樂人生、實現自主的創造，其實還有更

容易的方法,就是去了解、應用「隨順的藝術」。這種藝術是有意識、不著痕跡地將你的思想,引導到你願望的方向上。你已了解生命之流的強大,而且也瞥見了你「本來面目」(who-you-really-are)的廣大樣貌;最重要的是,當你體悟到,其實真正要做的事,不過是與自己的「本來面目」重新合一,隨順的藝術就會變成你的第二天性。

## ✹ 隨順幸福之流

我們這一整本書,都是在協助你隨順「自然的幸福」(natural Well-Being)之流。幾乎你可能遇到的各種狀況,我們都做了討論,並給予引導和建議,以幫助你轉化心境,進入這個自然之流。我們會協助你有意識地再度發現,你與生俱來驚人的感知能力——它幫助你決定生命「真實的道路」所要走的方向。我們期盼透過這本書,你能夠返觀自身,重新發現自己情緒的驚人力量,成為接受幸福的人(Allower of Well-Being)。

**人們最常犯的錯誤就是:我必須立刻達到目的,而且愈快愈好。**這錯誤的信念,只會阻礙你對狀況的控制、並失去自我平衡。我們當然能理解,你想儘快找到問題答案或解決方法的渴望。但是,心急只會帶來反效果。當你急著要去另一個地方,等於是在強力逼離你目前的所在。這就是逆流。再者,你那錯誤的觀念還有一個更嚴重的缺失:**當你有「必**

須趕快到更好的地方」的信念時，你就是在懷疑生命之流的力量、速度、方向和承諾。當你忘記了這些，顯然你就背離了「本來面目」的方向。

現在，讓我們再回到逆流和順流的比喻。想像你划著槳，已經拚命逆流而行好一段時間了；突然間，你對河水讓步、不再奮力划行，改由任它將船頭轉向，帶著你順流前行。此時，感受一下那種輕鬆的感覺，讓這幅輕鬆的景象慰藉你，進一步讓你去記得：這條生命之河既慈悲又有智慧——事實上，它一直把你帶往願望實現的方向。請用「心眼」想像：你躺在一葉小舟，感受它調頭順著河水順流前行，這讓你感覺輕鬆自在——因為你知道，它會把你帶往實現願望和幸福的地方。

## ✷ 你是生命之流的動力

本書接下來的章節，可以幫助你快速地與你的願望「相應」（alignment）。不過，你必須先能接受「生命之河」所比喻的真實意義，否則就不可能相應。

如果你能接受：在出世以前，你在無形界已經發出意圖；這些意圖，為這生命之流增添了動力……當你以物質肉身出現在這裡，生活會促使你欲求更多；這些欲求，為這生命之流增添了動力……生命中所經歷的一切，促使你不斷往前發出新的願望；這些新的願望，為這生命之流增添了動

力。最重要的是,如果你能接受:你「內在的自己」或內在的「本源」,永遠與「你將要成為」(all of that becoming)的頻率相一致——吸引力法則將會回應這個遙遠的召喚——你就了解這生命之流的力量。

現在,在繼續往下閱讀之前,先休息一下,想想這個美好、有力量的幸福之流;它永遠朝著「你所要成為」的方向流去、朝向你自身的圓滿。

現在,你已準備好,要將逆流和順流的比喻,運用在生活中了。我們相信,你已經可以判斷當下每個念頭,是屬於逆流或順流;知道自己當下是拉近與「真我」的差距,還是違反自然地與它相背離。

## PART 2
# 展現情緒的驚人力量：助你順流前進

## 助你順流前進

**接**下來,我們將提供各種無法與自己的欲求契合的案例,這些欲求分別跟你的身體健康、人際關係、人生目標、工作及財務狀況,甚至是時事有關。當人們在活出自己時,會不斷發出各種進步與拓展的渴求,我們所蒐集的案例,正是來自於人們在活出自己時所發出的集體意識振動。

在這些案例中,有些或許剛好與你現在最關心的狀況吻合,有些則不見得與你切身相關,即使如此,光是閱讀這些案例,也會對你有所幫助,因為你可以從這些案例中,徹底了解何謂「自主創造的科學」(Science of Deliberate Creation)。

在閱讀的過程中,你可能會對某些案例有意見,因為你可能會覺得某些人的渴求不太恰當,或者覺得有些案例很無趣,

這都視你當下的處境與感受而定。比方說，當你正為自己的健康狀況煩惱，卻讀到一篇如何改善職場關係的案例，你可能會覺得討厭，不了解我們為何要花這麼大篇幅探討對你而言不太重要的事。然而，即使某些案例與你沒有直接的關係，我們還是鼓勵你細細讀過。我們深知，在閱讀過程中，你會更深入了解如何與振動頻率契合。

我們並不想引導你該提出什麼樣的願望，因為你的生命早已告訴你答案。我們只希望能藉由以下的案例，幫助你與自己的願望合而為一。

## 1

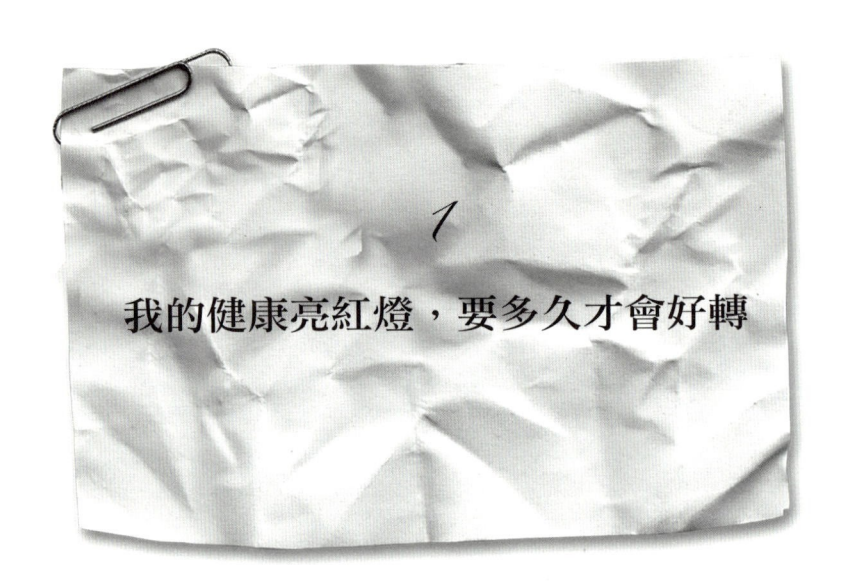

### 我的健康亮紅燈,要多久才會好轉

我的身體發出失調的警訊。事實上,早在得知診斷結果不樂觀以前,我的健康已經出了問題,所以我現在非常害怕。

面對這樣的情況，你會感到恐懼是人之常情，但是恐懼代表你現在正處於逆流的狀態。

這時，你會聽到很多建議，多半都是告訴你要採取什麼行動，所以很容易就會看不清自己真正該做什麼。市面上與你的健康問題有關的書很多，但是，我們希望能幫助你脫離這種不知所措的混亂狀態，單純地幫助你明白自己現在究竟是在順流還是逆流的狀態。

現在的你很容易就會想「早知如此，何必當初」，要是以前不那麼做，現在就不會這樣了。「過去這幾年來，我不應該這樣那樣……」、「我之前應該這麼做就好了……要是當初我多關心自己的身體就好了……要是當初我有做定期健康檢查就好了……要是當初我有聽媽的話就好了！」這些想法都只是讓事情更為混亂而已。

我們希望你了解，此時此刻，你唯一要想的事是：我現在是順流還是逆流？只要你現在能專心一意思考這個問題，你就會如自己所願，漸漸恢復健康。換句話說，你現在只要思考以下這個問題：現在的我是迎向健康，還是與健康背道而馳？從你當下湧現的情緒，就可以找到答案。

判斷自己究竟是處於逆流（遠離你想要的結果）還順流（迎向你想要的結果）狀態，會因人而異，得視你的生命之流有多湍急。舉例來說，如果診斷出來的病情很嚴重，有生命危險，而你又有強烈的求生意志，當你得知診斷結果時，你就會

很想奮力抵抗命運的洪流（或者有非常強烈的恐懼感）。相反的，倘若你已不戀棧人生，你就不會感到如此不安。**所以，你在任何時刻所感受到的情緒會反映出兩件事：一、你的生命之流有多湍急，或者說，你對於達到某個特定結果的渴望有多強烈；二、你現在是朝著順流還是逆流的方向。**

在開始深入探討這個案例之時，我們希望你知道，就連「療癒」的想法都是逆流的，因為其中隱含了克服疾病的想法。請你體會一下，「對抗疾病」與「接受健康」這兩種心態之間的差異。

人的健康亮紅燈時，經常有以下這些想法，你不妨體會這些想法背後的心態究竟是順流或逆流：

- 這個診斷結果好可怕。（逆流）
- 我當初應該要好好照顧身體。（逆流）
- 這是一種遺傳性疾病。（逆流）
- 可行的治療方法都不太好受。（逆流）
- 我怎麼會弄成這樣？（逆流）
- 為什麼生病的是我？（逆流）

讀到上述這些想法，你應該很容易感覺到這些想法都是逆流、抗拒的心態。請再看看以下這些常見的想法：

- 我一定可以戰勝病魔。
- 我絕不會被病魔打倒。
- 我還不想離開人世。
- 我一定可以克服。

我們希望你能明白，這些說法一樣是逆流、抗拒的想法。因為這些話還是著眼於你不想要的情況，讓你的振動頻率與不想要的情況契合。會說出這些話，表示你忘了在病痛的過程中，你其實早就已經發出改善健康狀態的渴求振動（而你內在的自己，也早已經實現這個渴求）；你內在的自己，已經在健康獲得改善的地方，召喚著你——這正是你的生命之流前往的方向。你認為要克服逆境的想法，反而讓你處於逆流狀態，與健康的方向背道而馳。

請再看以下這些想法帶給你什麼感覺：

- 聽到醫生的診斷，讓我想要更加健康。
- 更大的我（內在的自己）已經達到這樣的健康狀態。
- 我會持續演變，並且提出更多要求。
- 在能量振動的層次上，我正處於最佳的健康狀態。
- 更宏觀的我（我內在的自己）——比以往更加完善。
- 吸引力法則正召喚著其他部分的我，進入更健康的狀態。

- 生命之流自然會帶領我前往圓滿的境地。
- 我採取的任何行動,都不及對生命之流的認識來得重要。
- 不管遇到怎樣的狀況,我沒有必要痛苦掙扎。
- 生命的圓滿是必然的。

這些都是順流的思惟。現在,請你花一點時間體會一下這些順流思惟帶來的輕鬆感。

當你感到輕鬆自在,抗拒的阻力就會減小;當你愈來愈不抗拒,你自然就會朝渴望的方向前進。你的身體不會立刻就完全健康起來,但這其實無所謂。既然你已經掌握接受健康的要領,而非憑著衝動抗拒,假以時日,你自然會恢復健康。

**只要你持續引導思緒往順流的方向走,久而久之就會習慣成自然,愈來愈駕輕就熟——並且會恢復健康。剛開始,你只是偶爾體會到順流帶來的輕鬆感,假以時日,這種輕鬆感會一直持續下去,最後與之相符的好結果會自然顯現。疾病是吸引力法則對抗拒心態的回應;健康則是吸引力法則對接受心態的回應。**

## ❋ 要多久,我的問題才能解決?

【問題】:「我的身體狀況多久才會好轉?換句話說,要等到什麼時候,醫生才會診斷出好的結果?」

我們了解,你在面對可怕的診斷結果時,會急著想找出解決之道,並且不禁還是會提出這類疑問。這樣的疑問,前提是你正在生病,想要找出解決之道。因此,這類疑問絕對是逆流的想法,並且顯示出你並不了解生命之流的力量,無法掌握它的方向,也不明白它會引領你找到解決方法。當你問:「我要多久才會好轉?」你其實是在問:「我還要陷在自己不想要的處境裡多久?」從字面上來看,這兩句話差別不大,但我們可以保證,在振動頻率上,這兩者有極大的分別。

要判斷自己的言語或著眼點究竟是逆流還是順流,唯一的準則,是看你是否打自內心感受到一股輕鬆。舉例來說:

· 我要多久才會看到身體好轉?(逆流)

現在,請試著換個讓你感覺更好的角度或問題說說看。陳述的時候,專注在你的感受上,並且試著說出讓自己感覺更好的話:

- 身體狀況好轉是一定的。（順流）
- 遲早都會恢復健康。（順流）

這兩句話並不是什麼驚天動地的宣言，你自己也不見得百分之百相信，但沒有關係。重要的是，當你更專注，你就讓自己感覺更好一點。你並沒有為自己的船裝上馬達全速前進，立刻奇蹟般痊癒。但是你卻停止了內心的抗拒──你真的丟下手中的槳，順流而行。此時此刻，該做的事你全都做了。

不過，偶爾難免有突發狀況。你可能會觀察到某些事，有人跟你說了什麼，或者突然想起什麼，使你再度轉為逆流。不過，這對你來說已不成問題，因為你已經意識到自己在生命之流中的位置……這一回，你只要稍稍努力，就可以釋放逆流思考，換成讓你感覺更好的思考方式。

比方說，你看到有位病人生命垂危，又發現他的症狀跟你非常類似，不過病情顯然比你嚴重。此時，你不由自主地恐懼起來，心裡想：希望我不會變得跟他一樣。

即使如此，這一回，這個念頭不再是你的關注重點，你所關注的重點，會是你對自己當下感受的覺知。而既然如此，現在，你就可以決定讓自己的感覺更好：

- 希望我以後不會跟他一樣。（逆流）
- 我不清楚這個人為何會變成這樣。（順流）

- 他現在的身體狀況，可能比一個月前還好。（順流）
- 我不知道什麼樣的思惟造成他今天的情況。（順流）
- 他的經歷跟我的經歷沒有關連。（順流）
- 我不應該自找麻煩。（順流）
- 我想我應該把自己管好就好。（順流）

同樣的，你要追求的不是大徹大悟的境界……你只要稍微改變自己的感覺就好。每天你經歷種種遭遇時，只要用心覺察自己的每一分感受，並且堅定地讓自己逐漸朝向順流的方向，漸漸的，你就會在不知不覺中習慣順流思考。不用多久，你的身體健康就會朝著心念的方向有明顯改善。

當你專注在改善情緒──這是你當下就能做到的──你就為改善健康奠下振動基礎。如果你執意去思考自己究竟何時好轉，或者如何才可能好轉，就是在拒絕身體恢復健康，因為你並不知道這些問題的答案，這麼執著只會在你的振動中形成一股抗拒的力量。總而言之，雖然你無法立即恢復健康，卻能改善自己的情緒。而這就已經足夠！

## 2 我就是瘦不下來

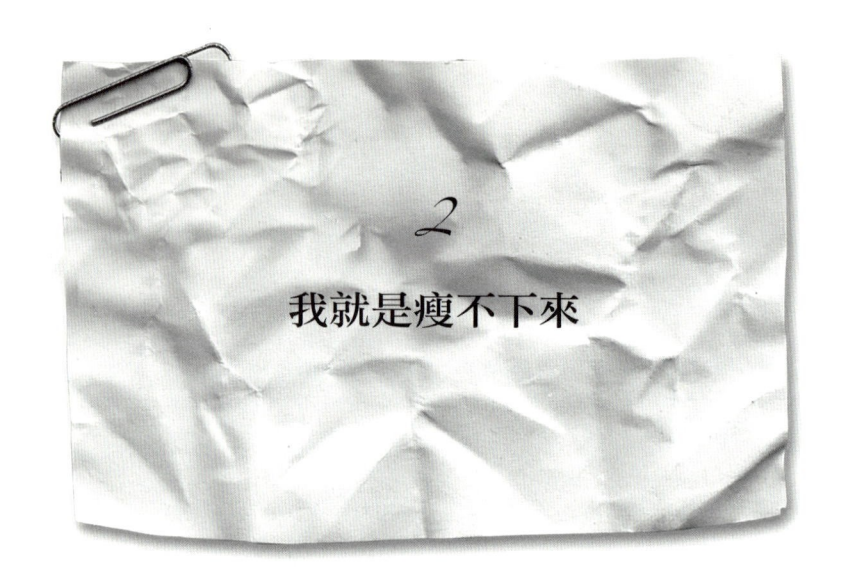

　　打從有記憶以來，我一直有過重的困擾。我曾經有幾次在很短暫的時間裡，靠非常痛苦的節食法，甚至不吃東西，還有拚命運動，控制住體重。可是，沒有一種減肥法是容易的，根本難以持之以恆，所以還是一直胖回來。

　　我穿什麼衣服都不自在，也很怕買新衣服。我站在衣櫃前想找件衣服穿，即使我有一些漂亮衣服，卻沒有一件想穿。因為不管穿什麼，我都不喜歡自己的樣子。

　　我的體重讓我有點行動不便。我知道如果能瘦個幾公斤，感覺會好很多，但我就是很無力，拿自己的體重沒辦法，所以非常沮喪。

**在**開始討論這個例子之前,我們想提醒你「自主創造」的核心觀念:所謂的創造並不是透過行動來讓事情發生。事實上,創造跟行動一點關係都沒有。創造是接受你渴望的事情發生,而這樣的接受是透過調整思想能量,使振動頻率一致,而非經由行動。

你可能很難接受這個觀念,因為經驗告訴你,行動會帶來成果。你知道只要少吃,就可以甩掉多餘的體重,而運動當然也有幫助。這些我們都同意,因為許多事物的創造確實需要採取行動。事實上,如果沒採取任何行動,社會勢必不會如現在這般豐盛進步。不過,倘若你採取行動時,只以行動做為創造過程的根本,而沒有考量自己內在的振動,一定會力不從心。因為單憑行動,不足以彌補思惟頻率不一所耗損的能量。

你或許曾有這樣的經驗:有人告訴你一個減重的方法,你立刻產生躍躍欲試的衝動。你會產生這股熱忱,可能是因為建議你的人自己深信不疑,或者這個方法跟你的理念正好吻合……不過,我們希望你把注意力放在這股熱忱上。

你的熱忱顯示你的振動能量處於頻率一致的狀態。請記住接下來的結果:你迫不及待想採取行動,可能是因為有人建議你、鼓勵你,或甚至要求你這麼做。一旦你行動之後,你的態度就會慢慢改善。不過,如果能在一開始就調整振動頻率──這會引發成功的行動──將會使你的創造行動更有威力。

當你發現自己的身材不如理想時,你會感到沮喪,這時,

你就會把自己所渴望的樣子發射出去。生活裡經常出現這樣的過程，但是我們多半沒意識到。當我們這麼做的時候，這些渴望都會擴大能量暫存區，而你也在振動能量中，創造出一個更新、更美好的自己。

我們希望各位了解，這個更美好的你，並不是漂浮在想像中的夢幻泡影，也不是虛妄不實的幻覺，而是一個正在進行中的創造過程。這也是天地萬物的創生方式：生命體產生一個又一個想法或概念，並且專注其上，假以時日，便會成為你們所謂的「現實」。

因此，當你感到沮喪，表示你對自己身體所抱持的想法，與你還在成形中的美好身材頻率不符。你的身體一直在振動中改變，但你老舊的思惟模式與信念（也就是你維持已久的想法）卻與身體的振動不協調。在這樣的情況下，你根本沒有動力採取任何行動。就算採取行動，也是困難重重，而且成效不彰，讓你更喪氣。

**改善身材的祕訣就是拋開你對它的成見，從新的角度看待自己的身體。你必須著眼於正在成形的美好身體，不去在意目前的身材有哪些缺陷。只要你把焦點放在眼前令你不滿的身材上，振動頻率就會與苗條的理想身材互相牴觸。當你執著於眼前的現實，便無法創造新的現實。**

現在你應該可以了解，為什麼自己總是缺乏行動力，而且即使付諸實行，往往也事倍功半。接下來，我們將提供非常簡

單的步驟，讓你能立刻開始調整自己的能量。當你了解宇宙運行的法則與創造歷程的根本（只需要調整振動頻率），你的渴望就會逐漸成真：

- 眼前你的身材是否理想，並不是自己能選擇的。
- 你只能接受現在這樣的體重。
- 你的體重明天跟今天差不多，後天也是一樣……接下來都是這樣。
- 立即改變體重不是你能選擇的。
- 現在你能選擇的是讓振動頻率協調一致——這也是威力強大的選擇。
- 此外，現在你要選擇的也不是感覺很棒或感覺很糟。
- 要興致高昂、或沮喪無力，也不是你要做的選擇。
- 你要做的選擇，比上述這些事情更細微精密。
- 你只需要選擇，感覺好一點或糟一點。
- 你可以選擇逆流思考，或是讓你感覺好一點的順流思考。
- 你只有兩個選項：逆流或順流。
- 然而，這兩個選項已經足夠。

打個比方來說，假設你正在一家購物中心閒逛，美麗的商店四處林立，你跟著人來人往穿梭其中。大家的體型、身材與

穿著都不同,但你會特別注意那些打扮入時、身材姣好又相貌出眾的人。你看到這些人,突然開始在意自己的外表。

這時,你感到難為情,很不喜歡自己今天的打扮。當你經過櫥窗,轉身一看到玻璃窗上反映出的自己,就極度討厭。你的情緒激動起來,只覺得很沮喪、很不高興。出門購物讓你一點也不快樂。

你頓時意興闌珊,完全失去了逛街的動力。事實上,你現在唯一想做的事就是找東西吃。空氣中飄來各種美食的香氣,你發覺自己餓了,想要吃些點心。眼前就有一些選擇,不過聞聞飄來的香味,你知道再走幾步路,還會有更多好吃的東西。冰淇淋、糖果都是不錯的選擇,來點有份量的三明治也不錯。其實,現在每樣食物都很吸引你。

你愈來愈想趕快找個安靜的地方坐下來大啖美食。你試圖壓抑這股衝動,但美食當前,你還是忍不住而放棄掙扎。你走到冰淇淋店前排隊,發現隊伍中有很多瘦子。你覺得他們很討厭,更激起你想吃冰淇淋的欲望⋯⋯。

在繼續探討這個案例,並且提出建議之前,我們想說明一個觀念。這個觀念絕大部分的人都不了解,甚至很難相信:不論這時你是選擇運用意志力強迫自己離開冰淇淋店;還是選擇豁出去,就點一大球冰淇淋來吃,這兩種行為其實一點差別都沒有!就算我們把比較基準換成遠離冰淇淋店一千次,跟吃一千次的冰淇淋,不論你選擇那種行動,同樣沒有差別。關鍵

不在於行動，而在於你的振動。造成你肥胖的原因不是行動，而是你的振動。你做什麼都沒有影響，你對於自己的行為感覺如何才有影響。

當你剛開始調整振動頻率時，你可能會興致勃勃地想從改變飲食習慣做起。這時，很多人會說：「可是，這個減肥方法跟我以前嘗試過許多次的節食法，並沒有多大差別啊。」我們要請你特別注意的是，這一次，你很容易就可以維持減肥的動力，不會像以前一樣老是半途而廢。你也會注意到，當你的情緒狀態改善了，你就會找到愈來愈多讓你躍躍欲試的方法。更新、更好的方法源源不絕出現。你不再需要費盡工夫到處尋找減肥妙方，這些新的想法自然會引領你，而你也會開始在身上看見成效。當然，成效出現之後，你就會更有減肥的動力。這時的你，距離實現夢想只有幾步。

當你成功減重之後（你一定做得到），就會對自己說：這次減肥一點都不難，而且我一定可以持之以恆。還有，我現在學會要領了，不管我想擁有怎樣的身材，只要下定決心，就可以成功。

請思考以下三種狀況：

**狀況一：**

・如果變苗條會帶來快樂，

- 而且你很快樂地繼續吃冰淇淋,
- 你就會變成一個吃很多冰淇淋的瘦子。

### 狀況二:
- 如果你因為想變苗條卻辦不到而感到沮喪,
- 而且你很沮喪地繼續吃冰淇淋,
- 你就會變成一個吃冰淇淋的胖子。

### 狀況三:
- 如果你因為想變苗條卻辦不到而感到沮喪,
- 並且經常運用意志力強迫自己不吃冰淇淋,
- 你就會變成一個不吃冰淇淋的胖子。

有些人會問:「如果不快樂會讓人肥胖,那為什麼那些糧食短缺的地方都沒有胖子?那裡的人都不快樂,但他們一點都不胖,還常常有人餓死。」我們的回答是,倘若你一直專注在糧食短缺的困境,並且為自己和家人擔憂,你的振動頻率就會與自己不想要的情況契合。不管讓你的思考逆流的是不希望自己肥胖,或是有人餓死的念頭,都沒有差別。總之,你的思考是逆流的——你抗拒自己的渴望,不管你的渴望是想要變瘦,還是想要有足夠的食物養活家人。

- 苗條令人快樂。（順流）
- 肥胖令人不快樂。（逆流）
- 有足夠的食物令人快樂。（順流）
- 沒有足夠的食物令人不快樂。（逆流）

實現一切願望的祕訣，在於設法讓自己的想法感覺更好，往順流的方向走（即使眼前的狀況不是這樣），並且運用意志力，專注在自己的渴望及整體的自己上，而不是運用意志力採取任何違抗生命之流的行動。

所以，剛開始，你或許會有以下的想法：

- 我很胖。（逆流）
- 我不想胖。（逆流）
- 我受夠自己過胖的身材。（逆流）
- 我不喜歡自己的樣子。（逆流）
- 我不喜歡我的衣服。（逆流）
- 我不想再買衣服。（逆流）
- 我試過太多減肥法了。（逆流）
- 沒有一個方法有效。（逆流）

請記住，你不需要去改變每一件事，只要找到能讓自己感覺好一點的想法即可：

- 我希望能找到解決之道。（順流）
- 減肥之後，我的雙腿一定輕鬆多了。（順流）

同樣的，這兩句話都不是驚天動地的宣言，卻可以讓你感覺好一點，所以屬於順流思考——現在，你只要這麼做就夠了。

每當你發現自己又犯了挑剔身材的老毛病，只要花一點心力改變想法，專注在順流思考上，直到感覺稍有好轉。很快地，現實與願望之間的振動關係就會改善。你也會很驚訝地發現，這種情況對減肥過程有極大的幫助。減重變得愈來愈容易。最後，你一定能達到理想的體重。

現在，我們換個情境來看。假設你正在上班，手上事情很多、很忙，根本沒時間注意自己的身材或體重。接著，午餐時間到了。當你經過販賣機的時候，突然有股衝動想買包餅乾。你投了錢，一包餅乾滑了下來。當你撕開包裝，心中隱隱有股不安。

「我的老毛病又犯了。」你憤憤地對自己說。這時，不安的感覺排山倒海而來。可是，你擋不住想吃的慾望，還是咬了一口。這下子，強烈的沮喪感湧上心頭，讓你感覺更糟。

不過，這次的情況不同於以往，因為先前對體重的正面思考，讓你保有一些正面能量。你心裡還記得，**重點不在於行動本身，而在於你行動當下的感覺**。你頓了一會兒，看著那塊餅

乾,說了以下這些話:

- 我不應該吃你的。(逆流)
- 你只會讓我變胖而已。(逆流)
- 不過,你確實很好吃。(順流)
- 而且也不是太大塊。(順流)
- 我可以先吃一點,剩下的之後再吃。(順流)
- 我喜歡有選擇的感覺。(順流)
- 我喜歡自主選擇。(順流)
- 我喜歡自己掌控行為的感覺。(順流)
- 如果我剛剛有三思而後行,或許就不會那麼快把錢投到販賣機裡。(順流)
- 我只吃了一小塊餅乾,卻小題大作。(順流)
- 這真是一塊好吃的餅乾。(順流)
- 我真的很喜歡吃餅乾。(順流)
- 我是自己決定要好好享受餅乾的。(順流)
- 有時候我會選擇吃餅乾,有時候我會放棄。(順流)
- 現在,我決定要吃餅乾。(順流)
- 我會好好享受這塊餅乾。(順流)

你剛剛完成一件前所未有的事。你吃了餅乾,同時透過自我對話,調整頻率振動,與想變苗條的渴望頻率一致,讓現

實的你與理想的你合而為一，這比你吃或不吃餅乾的行為更重要。現在，有位身材曼妙的女子走到販賣機前投錢買了包餅乾，而且在你面前吃了起來。你看她吃的樣子，就知道她很享受那包餅乾。

以前，你要是遇到同樣的情況，心裡會產生的念頭是：

- 老天真不公平。（逆流）
- 她的新陳代謝很好，讓她不管吃多少美食都不會胖。（逆流）
- 她搞不好身體不健康，而且說不定她今天就只吃那包餅乾而已。（逆流）

但是，這一回，你已經改變了自己的振動頻率，所以你現在的想法是：

- 喔，你看這個人與自己想吃餅乾的願望頻率一致。（順流）

重點在於振動能量能協調一致。不要尋求立即見效的結果，而是要把焦點放在改善你的心情、態度和情緒。感覺變好，你就處於更協調的狀態──其他事情自然而然就會順心如意。這就是宇宙的法則。

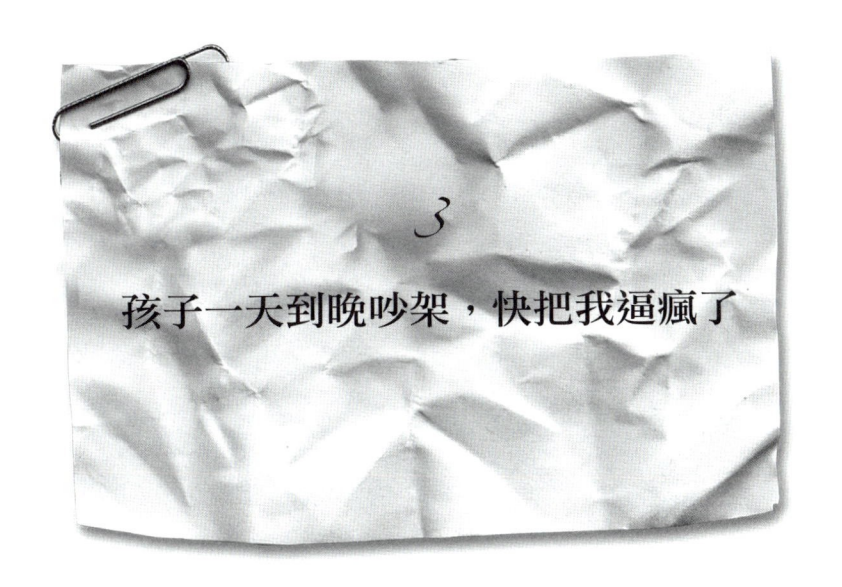

## 3
## 孩子一天到晚吵架,快把我逼瘋了

　　我們有一對兒女,兒子十二歲,女兒十三歲。他們都是乖孩子,在學校不鬧事,功課也很好。可是,這兩個孩子一天到晚吵架。雖然不至於暴力相向,但只要同處一個屋簷下,就會鬥嘴、大吼又甩門,沒完沒了。兩人各自有房間,照理說不會相互打擾,但他們還是每天看對方不順眼,搞得我跟我先生日子很難過。我們曾禁止他們接近對方,也曾把兩個人關在同一個房間裡一整天,強迫他們和平相處,幾乎用盡一切方法。現在,我真的很不想見到他們放學回家。

**從** 人際關係的角度——我們喜歡稱之為「共同創造」（co-creating）——來思考自主創造是很有趣的。在解決人際相處的問題時，很多人常會陷在死胡同裡。

想長時間要求別人改變，並且持續到完全解決問題，基本上是不可能的事。一開始，大部分人都會想辦法要求別人改變，但最後多半都只能放棄或不了了之。要求他人改變，藉此讓自己好過一點，是完全行不通的。

如果我們有機會跟這其中一個孩子談談，我們絕對不會教導他去要求另一位改變行為。不過，你的情況更複雜：你不是當事者，卻想改變兩個獨立的個體。從先前想盡辦法化解紛爭卻徒勞無功的情況，你一定已經發覺自己無力控制兩個孩子的關係。

人往往會採取賞善罰惡的手段去控制子女、員工、會員、黨員或教友的行為，但我們從未見到任何成效。以規定和罰則從外施加壓力，往往只會導致他人隱藏惡行，或甚至引發更強烈的反彈，因為每一個人內心深處都明白，自己不是生來取悅別人的。

我們經常強調，你就是自己經驗的創造者，這也表示你無法創造他人的經驗。他們才是自己經驗的創造者。不過，我們當然明瞭，當別人與你同處一個屋簷下，在你視線範圍內創造自身經驗時，你確實會受到影響，所以難免有些意見。我們也知道，當你看到良好的行為，心情就會好，看到糟糕的行為，

心情就會變差；而當對象是自己的孩子時，受到的影響更是加倍。然而，我們可以確定的是，如果你把快樂建築在控制他人的行為上，絕對不會得到快樂——因為控制他人是不可能的。

許多人終其一生想盡辦法掌控他人，到頭來卻發現，要完全控制他人必須犧牲絕大部分的自由。當人們將全部心力投注在這種不切實際的作為時，只會白白浪費了自己的生命，因為這種做法違背了宇宙法則。

父母總覺得不管教孩子不行，所以這些話很難讓他們聽進去。人們認為自己有責任教養子女，所以總努力尋找最理想的教育方式。我們希望你了解，倘若你能先花一點時間與自己合一，再開始管教孩子，你的影響力會更大。簡而言之，當你與內在的自己無法契合，處於憤怒或沮喪的情緒狀態時，想要教導孩子，必定成效不彰。相反的，只要你與內在的自己相契合，管教就會很有效果。

你如果願意嘗試，或許可以體會以下這個困境的有趣之處：「孩子的行為讓我極度沮喪又憤怒，到最後根本沒有力氣管教。我管得愈兇愈沒有用。」然而，只要你花時間調整自己，順著威力強大的生命之流，它將會帶領你實現一切願望。

每當你見到子女不合時，就會投射出希望他們和平共處的想法。從你的角度來看，子女不合是一種細微的對比經驗，會促使你的喜好產生變化。你的喜好只屬於你個人。因此，你要做的工作很簡單：與自己的願望合一。

子女一天到晚吵架讓你如此心煩，是因為他們的行為不符合你的理想。其實過去他們的爭吵，也幫助了你創造出這樣的理想狀況。事實上，早在他們出生以前，當你看到別人的小孩，心裡就已經生成各種願望，並且放到自己的頻率暫存區中。甚至在你自己來到這世間之前，就已經在頻率暫存區中存放了許多願望。現在，你面臨的處境與心中理想完全相反，難怪感到不快。你的憤怒，不只是因為孩子們表現出糟糕的行為模式。你對孩子的觀感，正使你背離了演變形成中的理想親子關係。

　　只要你能體認到，不快的情緒，完全是因為你眼見的現實與頻率暫存區的理想之間有差距，而非真的跟孩子的行為有關（這不是你能控制的），你就能選擇讓自己感覺好一點的想法（不論孩子表現出什麼行為）。如果做到這一點，你對子女的影響力將會大大提升。

　　你目前的處境是：

- 你看到子女的偏差行為。
- 你感覺很糟。
- 你以為自己的不快是子女的行為所造成，但其實是因為你並未與自己的願望契合。
- 因此，你必須忽略子女的行為，將意念專注在能讓自己感覺比較好的想法上。

- 如此一來，你就能與內在的自己相連接。
- 再者，你的振動頻率也將與孩子和平相處的美好願景相符，而你長久一直在打造這個願景。
- 振動頻率一致之後，你就能與自己的真實本性、創造萬物的宇宙本源、內在的自己，以及所有關於子女、家庭與人生的美好願景完全連結。
- 現在，你的身教及言教都正合時宜，不僅不會引來子女的反抗，也能帶來更多正面的轉變。

不過，你的言語和行為並不是促成改變的力量，而是透過與願望的頻率契合，來轉化現狀。

當你試圖改變子女的行為，必定會感到困難重重，但是當你把意念放在引導自己的思惟上，就會發覺這是可行的。時間一久，你甚至會覺得輕而易舉。

所以，你的人生將會愈來愈美妙。你不僅可以藉由自主選擇思惟而感覺更好，也會默默地影響孩子改變行為（在吸引力法則的幫助之下）。最重要的是，你發揮了以身作則的力量，讓子女了解到內在協調一致的重要性與力量。世上最有價值的啟示，莫過於教導別人如何在面臨困境之時與本源合一。你唯一能夠教育子女的一件事是：引導自己人生的力量。

接下來，我們將進入逆流／順流的思惟分析。同樣的，你只能以目前的處境做為起點，沒有其他的選擇。

- 孩子快把我逼瘋了。（逆流）
- 他們一天到晚吵個不停。（逆流）
- 我無法阻止他們。（逆流）
- 他們不聽我的話。（逆流）
- 他們這樣對待彼此，以後一定會後悔。（逆流）
- 我不知道該怎麼辦。（逆流）
- 我想得到的方法都試過了。（逆流）

剛開始，你會傾向逆流思惟，這是很正常的。不過請記住，在這個階段，你要做的不是描述顯而易見的事實，或思考如何改變現狀，而是改變念頭讓自己放鬆。

只要有那麼一點點感覺自己放鬆了，就表示你的抗拒減輕了。試著改變別人很累，所以你不妨丟掉船槳，你的船自然會轉往順流的方向；你會產生更多讓你放鬆的想法。假以時日，你會快樂地順著生命之流，看到子女的行為有所改善。你的影響力與促使他人改變的能力，取決於你的意念能否與願望的頻率相互契合。你必須先讓自己感覺更好，才能夠吸引改變發生。

- 孩子的相處關係是他們自己的事。（順流）
- 他們對於彼此關係的感覺，或許沒有像我這麼負面。（順流）

如果你能夠與最後這句陳述保持頻率契合，並且維持一、兩天，就足以扭轉自身的振動能量，開始促成改變。不過，由於這樣的想法才剛浮現，並且不是你以往的思考模式，所以你很容易再度陷入慣有的逆流思惟。因此，儘量多想一些可以幫你放鬆的想法，幫助你長時間維持正面的振動能量。你愈放鬆，出現愈多讓你感覺變好的念頭，就會吸引更多正面想法產生，最後你必定能與願望相互契合。

- 他們小時候都很可愛。（順流）
- 他們曾經很開心地玩在一起。（順流）

　　找尋放鬆的想法時，偶爾會浮現某些你本以為會讓自己感覺更好的想法，但實際上卻讓你感覺更糟。有時候，這個轉化思惟的過程讓你更急欲獲得當下得不到的事物，本來可以稍稍釋懷，結果弄巧成拙，徒增苦惱——不過，這不代表你就脫離順流的過程。

　　請記得：你當下的感受是與前一刻的感受比較而來的。因此，請你把思惟當成一個不斷流動的過程，不論何時，都可以選擇它的去向。這時，千萬不要忘記你的目標，那就是要放鬆、放鬆、再放鬆。如果你發現當下的想法比前一刻還要糟糕，不用擔心，只要繼續找尋更多讓你放鬆的想法就好。一段時間後，通常不要多久，你就會發現自己已經達到想要的境界。

- 小孩子吵吵架是正常的。
- 這是他們理解人生的方式之一。
- 他們有權對周遭環境表現出真實的反應。
- 他們也跟我一樣不喜歡心情很差。
- 如果他們真的不喜歡心情差,遲早會想辦法停止彼此的紛爭。
- 我不要再把自己的負面情緒加到他們身上。
- 我要讓他們自行解決。
- 看他們後續怎麼發展是很有趣的。
- 我真的是小題大作了。
- 這麼小題大作,實在挺可笑。
- 恢復理性的感覺真好。
- 他們兩個真的都是好孩子。
- 我們全都在同一條船上。
- 很高興知道我有能力掌控自己的感受。
- 我希望能對孩子產生正面影響,讓他們更開心。
- 很高興知道他們能夠選擇自己的感受。
- 很高興知道我也能選擇對他們的感受抱持什麼態度。

　　意識到自己有一對爭吵不休的兒女,會讓你在頻率暫存區中加入新的願望。與兒女接觸之後,你對家人相處的期望起了很大的變化。現在,由於你願意引導思惟往順流的方向走,順

應正在演化的親子關係,最終你一定能達到理想。

　　你和孩子的關係沒有問題。不僅如此,一切都按照預定的方向進行,而這是你決定誕生時就已經知道的事。你此生的目的就是要好好生活,找出自己的願望,然後全心全意投注其上,這即是自主創造的過程。

## 4 我是個沒有條理的人

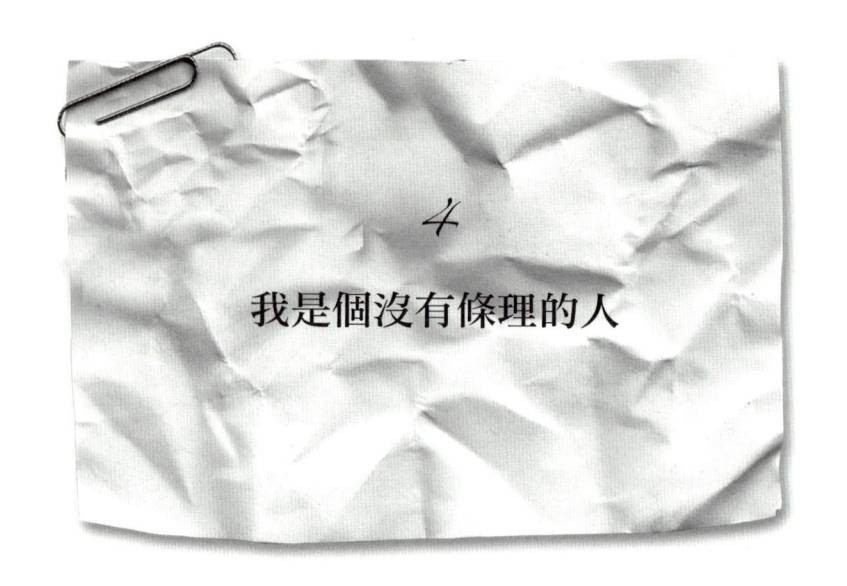

　　我想做個整齊、有條理的人，但實在不懂怎麼收拾東西。我有很多嗜好，會依照每種嗜好收集相關物品。結果，家裡堆滿了自己喜歡的東西，怎麼看都亂七八糟。

　　我總有時間找尋新的興趣，卻沒有時間好好整理。我大部分的時間都花在找東西上頭。偶爾，我會特別空出一天，打算好好打掃、整理一番。可是，每次都是一開始動手就想放棄，因為家裡實在亂到令我不知所措。

　　我知道有一大半東西都該扔，但我實在辦不到。深怕丟了之後，突然又覺得需要或捨不得。東西就這麼愈堆愈多，堆到整個人都淹沒其中。我也沒辦法請人來整理，因為只有我知道哪些東西很重要，絕對不可以丟。況且，就算有人幫忙，我還是不知道什麼東西放在哪裡。我知道應該自己動手好好清理，但我就是覺得很無力。

這個案例可以證明，不論你當下的處境為何，都會受到吸引力法則主宰。

你看著凌亂不堪的家，只覺得不知所措，所以拿它一點辦法也沒有。你應該要體認，現在的任務並不是去清理，因為你很清楚自己根本無力這麼做。你必須先轉化情緒狀態。只要你開始產生正面的感受，就能夠順利動手。換句話說，你必須先處理內心的混亂，才能應付顯現在外的雜亂。

- 我應該丟掉這個東西。
- 我一定是瘋了才會收集這麼多沒用的東西。
- 我之前到底在想什麼啊？
- 把東西丟掉之後，我馬上就會發現真的需要它。結果就是一直惡性循環。
- 我就是沒辦法把東西整理好。

這些想法都是合理的，卻都是逆流的思惟，而且確實反映出你當下的感受。然而，你不應著眼於現狀，或是造成問題的原因，而是應該試著尋找讓你感覺比較好的想法。換句話說，你現在的目標並不是如實地描述現狀，而是要提出可以紓緩心情、讓自己放鬆的陳述。如果你能夠針對這個問題持續產生正面的想法，便可以改變能量，用正向的動力取代無力感。產生正面感受，代表你與內在的能量頻率更契合：化抗拒為接受，

轉逆流為順流。

- 發展嗜好並沒有錯。
- 收集跟興趣相關的東西也是合理的。
- 許多人都有興趣或嗜好。
- 我還記得尋找這些珍愛物品的那股熱忱。
- 我知道自己是因為對某些事情感興趣,才會去收集相關物品。
- 這就是吸引力法則的作用。
- 我不需要把東西全部扔掉。
- 收集自己喜歡的東西沒有錯。
- 我會想辦法把東西收納整齊,並且一一分類,要用的時候才找得到。
- 不過,我並不需要一次整理好。
- 我一直以來都這麼過,也不急於一時。
- 我遲早會想到解決辦法。
- 我喜歡收集東西,應該也會樂於整理。

值得注意的是,雖然表面上情況沒有任何改變,但是你已經不再感到不知所措,因為現在你已經調整想法,再度與自己的真實本性頻率一致。我們希望你了解,每當你對自己(或對任何人)產生負面想法,就是與充滿愛的內在相牴觸。當你貶

低、責備或批評自己的時候，即是與更大的你相衝突，自我貶低的想法最具殺傷力。不再責怪自己，便能與自己的真實本性再度合一。

有人說，拒絕承認缺點等於自欺欺人，絕對有百害無一益。我們的回應是，指出自己的缺點才是最自欺欺人的，因為這只會使你背離自己的本源。

有人會批評凡事只往自己優點看的人是狂妄或自私。我們認為，這種自私是好事。因為當你看重自己的優點，便是全心在與更大的你契合（此時的你會產生正向的感覺），這樣的你才能對別人有所幫助。沮喪的時候，你對別人一點幫助也沒有，因為當你一旦背離生命之流，自我價值也隨之喪失。

## 5
## 我的前夫中傷我

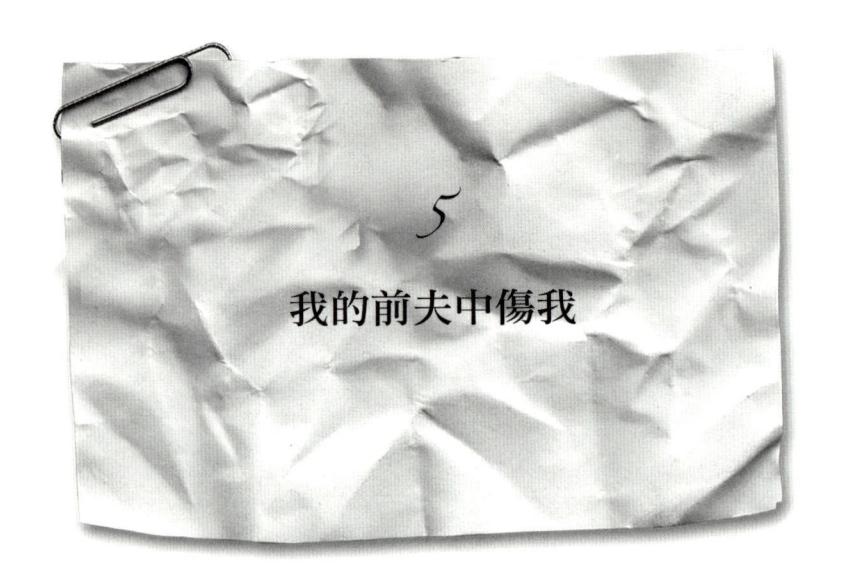

　　我和前夫育有十歲的女兒。去年,我們決定離婚,並共享女兒的監護權。為了方便女兒往返,我們住在同一個城市,一切都進行得很順利。

　　女兒平日待在我家,週末去她父親家。每逢生日或節日,我們會輪流替她慶祝。她是個很乖的孩子,而且對這些安排沒有什麼意見。不過,每次她從我前夫那兒回來,情緒都變得不好,動不動就生氣。看得出來她有心事。

　　直到最近,我才發現前夫常常跟她說我的壞話。這倒不令人意外,因為我對他同樣沒好話。可是,他說的都不是事實,多半是捏造的。我擔心他想利用這些謊話破壞我跟女兒的關係。女兒要是相信,我們母女恐怕就要漸行漸遠。我很想替自己辯護,又不知道他到底說了什麼,所以不曉得從何解釋。我如何阻止他繼續中傷我?

**我**們知道，妳跟前夫在還有婚姻關係時就不合，離婚以後當然也很難和平共處，不過，這並不是完全做不到的事。事實上，如果你們能體認到，與對方相處時，你們兩人其實在各方面都有所成長，現在即使已經離婚，依然能夠從彼此的關係之中受惠。

　　我們最希望你們了解的一點是，結束一段婚姻關係，並不代表你跟對方的關係就此劃下句點。事實上，這段關係會一直持續下去。大部分的人跟另一半離婚或分居以後，最無法接受的也是這個事實。

　　他們以為，夫妻一旦失和，負面情緒不斷累積的時候，分手就可以解決所有的問題。離了婚以後，才發現自己對於另一半的怨懟絲毫沒有消減。事實上，大部分的人不停尋找理由以證明離婚是最好的做法，這會讓自己的頻率一直停留在不想要的負面關係上。因此，即使雙方已經分居，另一半留下的陰影依然揮之不去，即使彼此不再往來了，也是一樣。由於兩人的振動頻率都沒有改變，所以即使兩人各自有一片天了，與下一個對象的關係還是會卡在同樣的問題上。

　　請記得，雖然這段婚姻關係很不愉快，卻能促使你不斷成長。你若能產生正向思惟，並且與這些思惟的頻率合一，就能從這些經驗中獲益。唯有找到並且保持正向思惟，你才能夠縮小與更宏觀的自我之間的落差，達到生命的更高境界。

　　現在，我們一同來尋找順流思惟，我們先來看你的現狀：

- 我很高興不用再跟他同住。
- 我很早就知道，我們的婚姻不會有好結果。
- 我不知道自己為什麼可以撐這麼久。
- 他到現在還要找我麻煩，這我一點都不意外。
- 我不喜歡沒有解釋的機會。
- 他很沒有安全感，所以我覺得他不太可能改變。
- 我永遠脫離不了這段痛苦的關係。
- 因為女兒的緣故，我跟他的關係永遠無法切斷。

　　正面思惟不會說來就來，原因是，如果是超出你振動範圍的想法，吸引力法則就幫不上忙。長久以來，你對前夫一直懷有許多負面想法，所以一時之間很難完全扭轉過來。不過，目前你沒有必要徹底轉變，只需讓思惟稍稍轉向即可。

　　只要停止逆流思惟，你自然就會往好的方向走。只要盡可能放下所有讓你感覺不舒服的想法。每一次放下，你都會感覺更輕鬆。這些正面感受將一點一滴化為順流前進的動力，促使你產生更多正向思惟，形成良性循環。

　　你現在的主要目標就是停止逆流。不要為自己辯護，不要悍衛自己的立場，也無須為離婚尋找正當理由或堅持是非對錯。拋開一切防衛，只要順流而行就好。

- 我受夠爭吵了。

- 我不想吵架。

跟先前充滿敵意的陳述相比，上面這兩句話有很大的進步——你一定會感到自己鬆了口氣。這時，你不見得要持續努力去產生更多正面的想法。有時候，學會放下和停止逆流就已足夠。不過，如果你還想繼續下去也行。多累積一點順流的動力是有好處的：

- 離婚對我們兩個來說是好事。
- 離婚不是誰的錯。
- 這是我們彼此的協議。
- 我很高興我們住得很近，方便女兒跟我們相處。
- 不住在同一個屋簷下，對雙方都好。

有時候，只需花上這麼一點心力，你就會有所突破。這時，你應該好好把握機會，繼續鼓勵自己產生更多正面、順流的想法：

- 我知道我們的關係永遠不會結束。
- 我希望能儘量改善情況。
- 我不希望女兒失去父親。
- 我也不相信他會希望女兒失去母親。

- 我不相信那些謊話全是針對我。
- 我們各自展開了新生活。
- 我希望女兒對自己的父母都有好感。
- 我希望女兒喜歡我。
- 我甚至也希望女兒喜歡她父親。
- 我們沒有理由要繼續爭吵。
- 我對吵架一點興趣都沒有。

　　現在，這些話似乎都避開了問題的核心，像是：「她爸爸經常說我的壞話……他說的都不是事實，多半是捏造出來的……我不知道他到底說了什麼……」確實如此。你一開始提出的棘手問題，我們都刻意迴避。唯有如此，你才能藉由正面思考紓緩情緒。

　　只要用心了解自身感受，並且持續專注於帶來正面情緒的思惟上，經過一段時間，再強烈的負面情緒也會消退。這並不是因為你的前夫改變了，而是你已經與這段婚姻關係所促成的理想自我合一。

　　當你體會到，調整振動頻率與內在的自己合一，以及允許自己成為生命所要造就出的理想自我，有多麼珍貴時，你甚至可以進步到喜歡上那個似乎令你痛苦萬分的混蛋……。不過別急，一切都需要時間。

## 6
## 我先生老愛教我怎麼開車

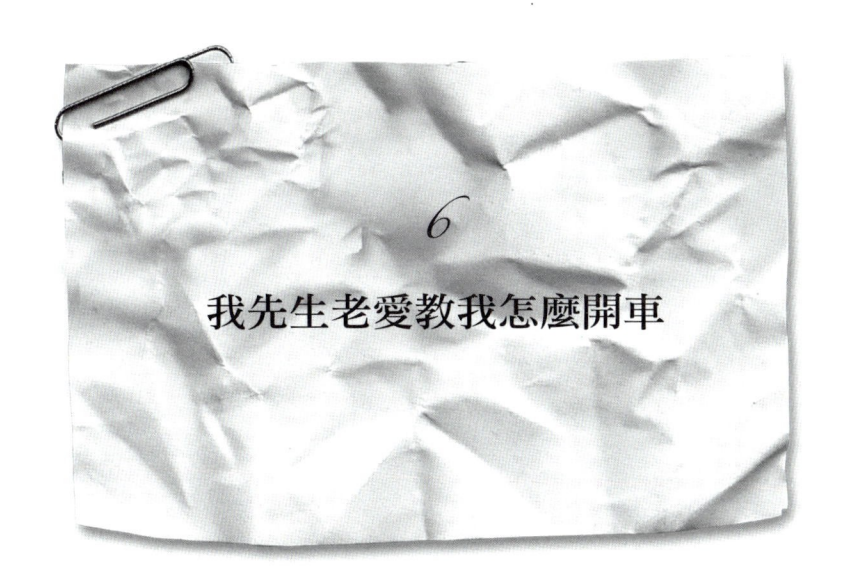

我常常開車,而且技術不錯,也從來沒出過車禍。我的方向感稱不上好,不太會看地圖,但只要去過一次的地方,通常都會記得路。

我和我先生經常開車一起外出。他比較喜歡我開,但又老愛指揮東、指揮西。他總是在一旁唸個不停,不是要我換車道,就是要我超車,甚至連出停車場要走哪一條路都要管。有時候,就算他的選擇確實比較好,我也會感覺他老是用他的直覺壓過我的本能,讓我很不舒服。

我真的覺得,我在開車的時候,他應該讓我做主。他偶爾可以給些有用的意見,但不是什麼都聽他的。這樣才能皆大歡喜。

我常常被他弄得緊張兮兮。即使只是從停車格倒車出來,我都會懷疑自己對角度的直覺判斷。在壓力這麼大的情況下開車實在很不愉快,也可能不安全。我發覺自己在開車的時候總是猶豫不決,根本不敢按照自己的意思勇往直前。

對此案例，我們要請你注意的是，你所描述的經驗是一個共同創造的過程。換句話說，這個局面並非由你先生單方面造成，而是你們共同促成的。你以前可能曾經迷路，而你的另一半正好知道該走哪一條路，於是導致你們形成這樣的互動。

另一個人的意見通常很有幫助。然而，現在的問題是，當別人給你意見時，你覺得很煩躁，沒辦法跟內在的自己頻率一致。在這種情形下，你愈是猶豫不決，另一半就愈想引導你。這變成了一個惡性循環：你跟內在自我頻率不一致，開車沒有效率，又無法專注。這時，你的先生想幫忙，卻讓你更加混亂，開車更不專心、更沒有效率，你先生更急著幫忙……。久而久之，你們兩人在開車上形成某種行為和言語模式，連想法與感覺也落入慣性。

當你心情煩躁又沮喪時，不可能找到解決方法，也無法改進開車技術（我們知道你認為自己的開車技術沒有問題，根本不需要改進），更不可能從你先生身上得到幫助。除非你先改變自己的感受，否則情況永遠不會改善。

許多人可能會建議你乾脆讓先生開車，或者各開一部，再不然就是直接叫他別管閒事。可是，你心裡知道，他的建議有時候確實很管用。

你若刻意讓事情怎麼發展，往往只會帶來更大的阻礙。也就是說，假如你要你先生不再干涉，你也會失去他時而寶貴的

意見。在任何情況下，你都不可能要求任何人非得這麼做或那麼做不可。你以為這樣就可以讓事情變得很簡單，但其實非常不切實際。

你真正想要的是與更大的自我契合，這樣才能拓展視野。你真正想要的是與自己內在的本源連接，這樣你做什麼都能悠遊自在。

我們向你保證，一旦你與更大的你合一，做起事來必定得心應手、明快確實。你的直覺會變得清晰準確，並且具有絕佳的判斷力。這時，即使另一半依然會在你開車的時候「參一腳」，也不是因為不信任你才提出意見，而是想要參與這個共同創造的過程。

你無法改變另一半，也無法改變自己的行為，讓狀況好轉，但你可以盡可能與內在的自己合一——當你達到這一點，情況自然有所改善。

同樣的，你現在的任務很簡單：先根據當下的處境提出陳述，然後努力發展正面、順流的思惟，與內在自己頻率一致。

有些人跟我們說：「我真搞不懂，為什麼你們給的每項建議都是我應該怎麼做，從來不要求別人改變。我覺得，只要求自己一個人努力或改變，是很不公平的。」我們的意見總是針對你和你做的選擇，如果你不高興，這點我們可以理解。不過，你一樣可以選擇要從逆流還是順流的角度來看這件事。

- 只有我一個人必須改變。（逆流）
- 我有能力掌控自己的生活。（順流）

　　如果你一直認為別人必須改變，你才會好過一點，這種想法只會讓你愈來愈無力，因為你根本無法控制他人的行為。所以，這些想法都是逆流思惟。

　　相反的，只要體認到，不論面臨什麼問題，你都可以藉由調整思惟來控制自己的感覺，而且經過訓練便能與內在的自己合一，這時，你不但可以完全掌控自己的情緒，生命也必然會朝著美好願景開展。這即是順流思惟。

　　如果你一直去想你先生為何表現出這些行為：他以前是不是遇過開車技術很糟的人？他不在旁邊碎碎唸的話是不是會無聊？他是控制狂嗎？難道我的開車技術真的很差，他才有這種反應？……你只會把自己逼瘋，情況也會變得更糟。你不需要去了解造成問題的原因，但是你必須立刻停止發出與問題相符的振動頻率。

　　觀察問題的現狀、試圖了解問題的起因，或是採取行動解決問題卻產生負面情緒，都只會讓問題繼續存在。唯有先扭轉自己的感受，才能改善情況。

　　因此，請從當下的處境開始思考，找尋正面、順流的想法。產生正面想法時，用心注意它帶來的改變，然後繼續尋求另一個感覺更正面的想法。

- 我不喜歡開車的時候先生在旁全程指揮。
- 他這麼會開,那就由他來開。
- 有時候,他的建議確實很有用。
- 開車的人不是他,他當然有時間尋找更好的路線。
- 兩個人腦力激盪總比一個人來得強。
- 我出錯的時候,他從來不會惡言相向。
- 他並不是故意要讓我難受。
- 他的建議都是出於好意。
- 我們相互配合的時候,真的很有默契。
- 有個關心我的另一半是好事。
- 我感覺彼此是共同體。
- 我很感謝他這麼關心我。
- 我也感謝他的協助。
- 我開車技術不錯。
- 我開得不錯,旁邊還有個好幫手。
- 我們倆合作無間。

# 7
## 我工作不開心

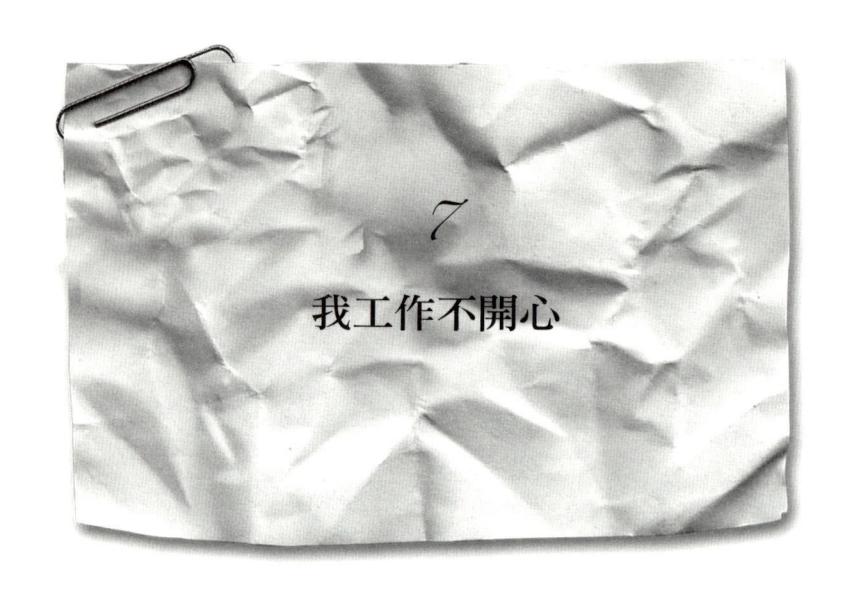

　　我來這間公司不到一年,表現不錯。由於公司規模小,我往往得負責超出原本職務範圍的工作。我發現自己比大部分的同事都有效率,也很喜歡這個工作。

　　可是,我並不快樂,因為同事都愛打混,當我盡全力表現,等於把標準提高,就可以感覺到他們對我的敵意。也因此,他們總有意無意地扯我後腿。

　　我對每項工作都感興趣,所以不管什麼任務,都會努力完成。可是,我發現同事只做自己想做的事,把比較吃力的工作推給我和幾個新進同事。我一直覺得應該向上司反應這個問題,又不想把事情鬧大,甚至成為大家的箭靶。

　　我考慮過離職,但之前已經換了三次工作,似乎都遭遇同樣的狀況。此外,每到一間新公司,我就得重新適應環境,可能還得屈就於更低的薪水。

　　我不知道該怎麼辦。我不想離開,也不想繼續待著。看來只有中樂透才能解決問題。

你能夠發覺自己在職場上總是陷入相同的困境，是很重要的。問題的癥結在於當你一直在觀察、思考現狀（包括理想和不理想的處境）時，便使自己的振動頻率與現狀相符，所以吸引力法則會一再把同樣的處境帶到你的工作環境中，即使換了新工作也是如此。

在你振動中最為活躍的經驗現象，將會一再發生。很多人都不太能接受這個觀念，因為他們很難不去觀察自己當下的處境。可是，執著於現狀的問題是：你愈是把意念專注在這些不順心的事，就會吸引更多不順心的事情發生。不過，發現問題也有好處──每當你發現自己不想要什麼，自然會投射出願望。看到不理想的情況，就會更清楚自己想要什麼。

因此，當你在職場上看到不公不義的現象，就會在心裡打造一個理想的工作環境，並將此願望投射到頻率暫存區，而你內在的自己隨即專注於這個新願望。你會產生許多負面情緒，是因為當下的你還執著在不理想的現狀上，但你內在的自己卻早已追隨理想而去。

接下來這段分析逆流／順流思惟的過程，能夠幫助你與工作的理想願景合而為一：

- 大部分同事並未盡力工作，我覺得這是不對的。
- 看同事光領薪水卻不認真工作，讓我很不爽。
- 他們似乎認為，只要出席就可以領薪水。

助你順流前進：案例 7　111

- 他們覺得，不論工作有沒有完成，領錢都是理所當然的。
- 我只是盡本分工作，卻被當成眼中釘。
- 主管根本不知道這些問題。
- 我相信，主管要是發現真相，一大半的人都會被解雇。

剛開始練習改變念頭的時候，你對自己的處境依然懷有強烈的負面情緒，所以會產生一些反映當下感受的逆流思惟。請記得，吸引力法則永遠會回應你振動中最為活躍的頻率。因此，你對什麼事感到不滿，腦中就很容易充滿這些負面思惟。還要謹記的一點是，逆流／順流的思惟練習是要幫助你放開對這些負面思想的執著，轉向順流，朝向讓你感覺更好的思惟。只要專注練習一段時間，你就能持續想那些感覺比較好的念頭，到時候，就會看到情況好轉的跡象。

現在，請你繼續往紓解情緒的方向思考：

- 我現在並非處於必須決定去留的關鍵時刻。
- 我不知道主管對員工了解多少。
- 他們並沒有問我的意見，所以我沒有把看到的問題說出來，也不算有錯。
- 其實，我對同事並不是那麼了解。
- 我不知道他們這些行為背後的動機是什麼。

- 別人要怎麼做,不干我的事。
- 這裡的工作性質很多元,我很喜歡。
- 我總是可以找到自己感興趣的工作。
- 只要我感興趣的工作,都可以做好。
- 只有對某人或某事看不順眼的時候,我才會不開心。
- 我願意的話,其實可以自我調適心情。
- 不去在意別人對我的觀感,會比較好過。
- 我無法得知別人怎麼看我。
- 我只能知道自己心裡怎麼想。
- 我其實可以控制自己的想法。
- 我所經歷的一切,促使自己發出振動頻率,要求達到更理想的境界。
- 因此,我在工作上遇到不順心的事,反而可以幫助我朝更美好的未來努力。
- 至於,我能夠多快實現願景,取決於自己是否願意運用意念與願望合一。
- 我可以選擇逆流或順流的思惟,但無論如何,這都是我自己的選擇。

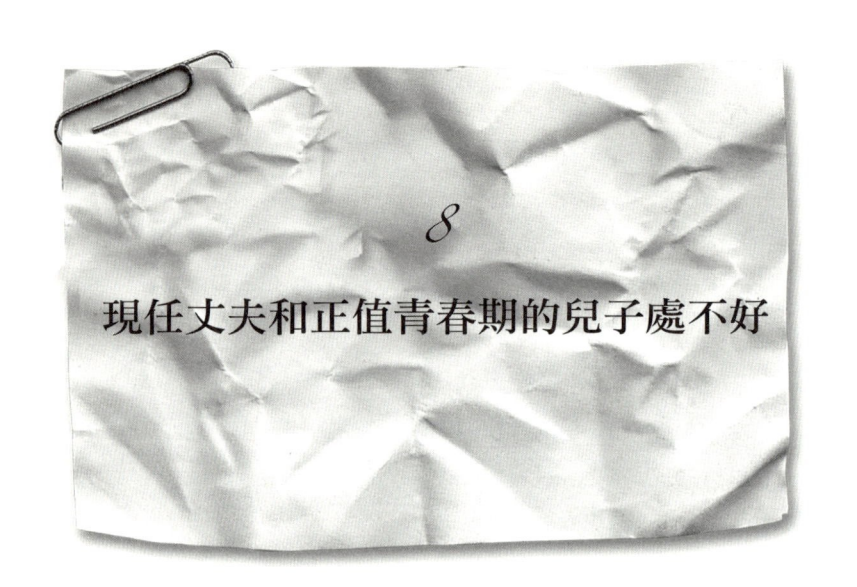

# 8
# 現任丈夫和正值青春期的兒子處不好

　　我結過一次婚,和前夫育有一子,他現在正值青春期。我的現任丈夫跟兒子處不好。他們不會正面衝突,但我先生一天到晚挑剔兒子,還經常強迫他做他不想做的事。

　　我兒子很聰明,也很獨立。只要他熱中的事,表現都會過人一等。不過,他喜歡我行我素,不喜歡被管束。因此,他跟我先生一直在相互角力。我覺得自己被夾在中間,左右為難。

　　我先生非常重視孩子的行為舉止,只要覺得兒子不尊重他或不尊重我,他就會立刻抓狂。我並不贊同先生管教的方式,但還是想站在他這一邊。

　　他們兩個之間的戰爭,我真的受夠了。有時候我不禁會想,再婚的家庭是不是真能找到幸福?還有,繼父母真的會疼非親生的孩子嗎?

**我**們知道，你被迫夾在先生與兒子中間，一定很痛苦，但這個困境可以幫助你體認到一件很重要的事：跟人相處其實沒有那麼難。也就是說，只要你願意順著他人的心意去做，就可以維持良好的關係。

　　滿足他人的要求，他們就會喜歡你──很多人用這個方法應付人際關係。在一段關係中，必定有人居於主導位置；有人主導，有人順從，大家各扮演各自的角色（你或許不敢置信，但大部分人際關係都是如此）。然而，一旦有第三個人加入，而且對你提出不同的要求，這段關係的基礎就開始動搖。

　　就你的情況而言，你和兒子早已建立了穩固的關係。你或許沒有意識到，在這段關係中，兒子扮演主導的角色，而你扮演順從的角色，正好符合你們兩個的性格。兒子非常獨立，總是管好自己的事，而且生活上沒有遇到什麼大問題，所以你自然不會想去約束他。可是你再婚之後，現任丈夫進入你們的生活，又想要扮演主導的角色，原本的平衡就被打破了。

　　要取悅一個人並不難，但現在同時有兩個人向你提出不同的要求，你就不得不選邊站。如果他們又跟大多數人一樣，在期望滿足之後才會開心，你可就頭大了，因為你根本不可能同時取悅兩個要求不同、甚至互相牴觸的人。在這樣的情況下，你愈想同時取悅兩個人，愈會得到反效果，到最後三方都會弄得不愉快。

　　先生和兒子都很看重你的想法與行為，這點或許會讓你受

寵若驚。可是，不論怎麼看，你都像陷入困境之中，動彈不得。**想滿足所有人的需求是不可能的。除非你限制自己的關係發展。換句話說，你一次只能滿足一個人的期望。**

我們鼓勵你採取全新的做法，雖然那些已經習慣你的對待方式的人可能不認同。從現在開始，你要與內在的自己頻率一致，換句話說，你要努力讓思惟與更大的內在自己相契合，並且把其他人（以及他們的看法）都排除在考量之外。

剛開始，這個新的決定可能會造成一些混亂，但時間一久，你就會看到好處，你沒有三頭六臂，不可能取悅所有人。如果你試圖這麼做，只會讓自己陷入絕境，而且註定失敗。你必須先取悅自己，與內在的自己頻率一致，才有可能成為理想中的你。

自我契合之後，你才有足夠的能力滿足他人，但是對方也必須決定調整自己的頻率，才能真正感受到滿足。**你必須教導他們為自己的快樂負責。唯有如此，你才能真正解脫。**

請你同樣先從目前的困境出發，再努力朝讓自己感覺變好的方向走：

- 先生和兒子無法好好相處。
- 我不覺得他們喜歡彼此。
- 我先生面對兒子的時候敏感易怒，而且很強勢。
- 兒子會故意變本加厲，讓情況更糟。

這些都是你一直以來的感受。現在，請你試著提出讓你感覺更好的說法。因為這是你生活裡經常碰到的問題，所以你有很多機會可以解決。每當你努力轉為順流思惟——即使表面上看來情況並沒有好轉，你的頻率就會更協調。只要你循序漸進決心達到自我契合的境界，你在這件事情上就能發揮影響力，也必定會看到明顯的成效。更好的是，不用等到先生和兒子改變，你的心情就會變好了。

值得注意的一點是，父子不合的問題，有部分是因為你的反應所造成。他們都利用你和你的反應做為「互看不順眼」的理由。你只要不淌這渾水，雙方的衝突必定會大幅減緩。換句話說，縱使戰火還在燃燒，你卻不再火上加油了。因此，請你繼續尋求為自己帶來好心情的想法：

- 他們兩個都是好人。
- 他們都想在新組成的家庭中找到立足之地。
- 我們三人的關係錯綜複雜，但我現在並不想一一釐清。

你可以就此打住。這時，你已經感覺好多了，任務可以告一段落。不過，你也可以繼續下去，累積多一點動力：

- 我現在知道自己一直都在火上加油。只要我不這麼做，情況自然會好轉。

這個說法可能會讓你再度陷入較為負面的情緒中,因為你又開始想為他們的關係負起責任。某個說法究竟是正面還是負面,只有你自己最清楚,所以只要繼續朝順流的方向走即可:

- 衝突的情況遲早會過去。
- 我兒子遲早會離家自力更生。

　　後面這個想法可能帶來不太好的感覺,因為你並不希望兒子認為自己不受歡迎而離開這個家。因此,請你重新造句,讓陳述更為正面:

- 子女都會想要獨立。
- 大部分的子女都會在爸媽給予空間之前就想獨立自主。
- 孩子被管得很嚴,當然會叛逆。
- 孩子被新加入這個家的父親嚴格管教,會心生怨懟也是很自然的。

　　雖然上述這些想法可以讓你對兒子的行為稍稍釋懷,卻可能讓你對先生感到不滿。這時,請你再針對這一點繼續做正面思考:

- 對我先生來說,這是全新的生活。

- 我知道他認為自己這麼做都是為了兒子好。
- 他很努力要在新的家庭中找到自己的定位。
- 我現在終於知道自己要如何主導一切。
- 我只要不去在意這些問題,保持情緒穩定,就會產生正面的影響。
- 大家都想要有好心情,而我的好心情一定可以改善情況。
- 好心情是會傳染的。
- 我一直都很擅長緩和氣氛。
- 我喜歡凡事幽默以對。
- 我們很容易把生活看得太嚴肅。
- 其實我們沒有什麼問題。
- 從更大的角度來看,我們三個人處得很不錯。
- 我很高興看到自己的願望一直在演變。
- 我很樂意去體驗自我契合帶來的好處。
- 我沒有想要控制任何人,不過看看自己的影響力能發揮到什麼程度,應該會很有趣。

只要不斷練習,習慣順流的思考模式,你的影響力就會比能量分散的時候強大許多。你所感受到的痛苦掙扎,促使你看清自己真正想要的家庭關係。藉由不斷練習順流思惟,你就能與擁有美滿家庭的願望真正契合。

## 9
## 父親去世後，我頓失重心

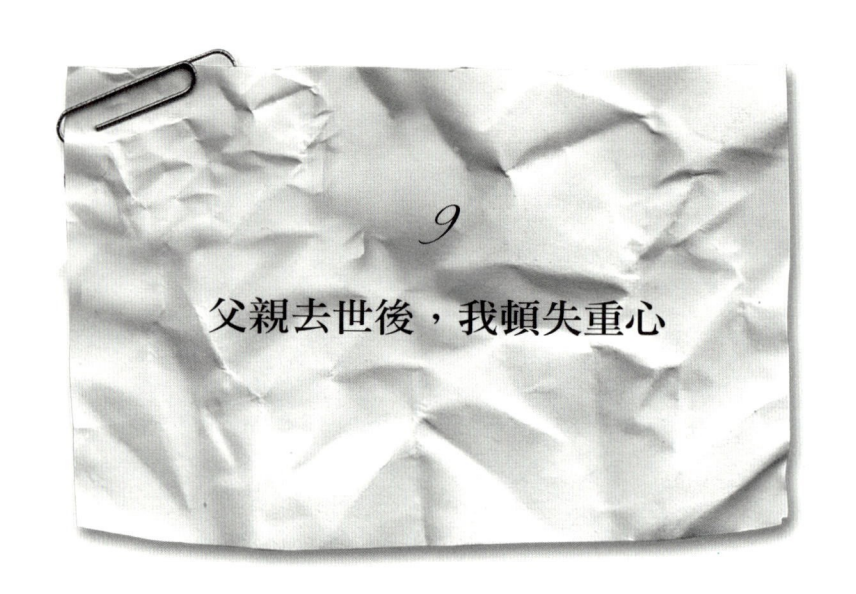

　　我父親一年多前去世。我到現在仍然沒有走出傷痛。我真的不知道自己為什麼如此悲傷。我和父親有二十年沒有住在一起，最近幾年也很少見面。我大概一年返鄉看他一次，而且只是短暫停留幾天（即使見了面，我們也沒有什麼話說）。
　　我和父親沒有太多交集，為什麼他的死卻讓我這麼難過？

**即**使投身於一副有血有肉的肉體中，你的存在依然是一種振動頻率。雖然你的振動會隨著當下專注的焦點而不斷更新、演化；但是，絕大多數人都會帶著過去經驗殘留下來的振動頻率，因為維持舊有思惟的振動能量，比選擇全新的思考模式容易得多。

舉例來說，你正為某事心煩，已經想了好幾天。然後，你遇到一個遭遇類似的人，他跟你有同樣的抱怨，你們兩人開始聊起來。對你們來說，繼續談論這個惱人的問題，比另起一個話題要容易許多。如果有其他人加入對話，多半也會因為你們討論得正熱烈而不得不附和，再不然就是乾脆起身離開──無論如何，他們都不可能在討論得如此激烈的時候，再插入一個新話題。

同樣的，你從小就開始學習如何透過振動能量回應周遭環境，並且逐漸「設定」好自己的振動模式。由於你在相同的環境過了好多年，而且一個家的振動頻率往往是由父母定調的，所以你漸漸發展出特定的思考、振動與反應模式。維持舊的振動頻率比較簡單，所以大多數人即使離開父母之後，都還是維持慣有的振動模式。

**雖然你可能不會察覺到你現在對人生種種遭遇的反應，絕大部分都受到早期認知的影響。簡單地說，你的世界觀是從小累積成的，而且根深柢固，即使年歲漸長，也不會有太大的變化。**

這不表示你一定認同父母所有的想法。我們指的是比所謂的「想法」更深一層的「振動」。你對穩定、安全或圓滿幸福的概念，都在早期環境中孕育而成，無論當時的環境是否符合世俗標準的理想。事實上，所有事物都是相對的，你對圓滿幸福的感受，其實源自於童年時期形成的振動頻率。隨著歲月流逝，這些早期的振動頻率依然在你的潛意識層次上活動。**由於吸引力法則會回應你的振動頻率，而當你現有的振動頻率中還有可溯及過往的振動模式時，你就無法脫離過去的牽絆。**

然而，你的生活面向非常多元，也活得相當充實積極。因此，你的振動本質早已成長、改變。現在你所發散出的許多振動頻率，都與過往毫無關聯，由於你的振動是在不知不覺中循序漸進演化的，所以你會持續展望未來，與更新的思想連結，並且維持自身的穩定。這即是所有存在體必經的演化過程。

在父親去世之後，你的焦點突然從現在拉到過去。換句話說，你在守喪期間，會將注意力放在童年，開始回想起兒時經驗，還會跟已經好幾年沒見過、沒想過的親戚朋友說話。這些日子裡，你沉浸在深刻的哀痛中，過去的頻率再度活躍起來，而且與你現在的振動頻率並不相符，所以你才會感覺頓失重心。

生命經歷不斷促使你提出更多願望（你已將這些願望投射到頻率暫存區），你也一直與這些願望契合，跟上自我發展的腳步。遭逢父親去世時，你突然從展望未來轉為回憶過往，人生方向急轉為逆流——這必然是個痛苦萬分的過程。

如果你跟大部分的人差不多，你就會經歷到以下這些過程：誕生出世，開始體驗、經歷人世的種種，並從中發現自己想追求的願望。不過，你的父母不見得都會認同你的願望，也會試圖管教你。有時你會屈服，有時則堅持立場。當你立場強硬時，父母拿你沒辦法；相反的，當他們立場強硬時，你就得聽他們的話。大多時候，你還是能夠我行我素，畢竟這是你的人生。不過，只要你是為了取悅他們（或任何人）而做某些事，必然會感到自我失調；一旦你按照自己的願望來走，又會恢復正常。隨著年歲漸增，很多事情你不再和父母親討論，所以他們的意見也比較不會左右你的振動平衡。漸漸的，你和父母親的生活重心，都會轉移到沒有對方參與的事務上。

只要你不試圖迎合他人的期望，就比較容易維持振動頻率的平衡。當你努力讓自己的振動達到契合狀態，吸引力法則絕對不會把頻率不合的人帶到你的生命裡。相反的，當自我不協調時，你就會吸引到許多混雜的頻率。

當人們離開一個不自在的環境時，多半會如釋重負。可是，人往往會在尚未確立振動平衡時，又一頭栽進另一段關係，結果同樣的問題一再上演。譬如，女兒因為父親太過專制而離家出走，但後來居然嫁給一位同樣具有控制欲的丈夫。因此，即使換了人，也換了家，她的遭遇並沒有改變。

現在，我們將從逆流／順流的角度，來探討你跟父親之間的振動關係。過去這些年來，你和父親的關係變化很大，而你

的振動平衡也持續演化,所以你只能從當下開始著手。在這個階段,你可能會發現心中浮現的想法多半和過去有關——父親去世,喚起你許多塵封已久的記憶。

必須了解的一點是,這些想法會帶給你某些感覺,這表示它們現在處於活躍的狀態。如果你當下感受到的是負面情緒,表示這些想法屬於逆流思惟。任何逆流思惟都與你的自然發展(以及你這個存在體的演化)背道而馳。因此,儘量讓這些思惟軟化,緩和自己的情緒,並且順著內在自己想要的方向前進,就會有幫助。這也是你現階段要努力的目標:

- 我的情緒很糟。
- 我真的很難過。
- 父親突然離去,我一點心理準備都沒有。
- 這不是我能控制的事。
- 我很後悔沒有多花一點時間陪他。
- 我們兩個相處的時候都不開心。
- 我不知道他心裡在想什麼。
- 我不知道他要什麼。
- 我很希望他的生活可以過得更快樂一點。

這些想法忠實地反映了你此時此刻的感受,而且顯然都是逆流思惟——這沒有什麼不對。面對喪父的傷痛,有這些感受

是很正常的。但即使如此,你還是與內在的自己漸行漸遠,所以請努力尋找為你帶來慰藉的想法:

- 我一直都想好好改善跟父親的關係。
- 我當初應該更努力才對。
- 我不知道自己還能怎麼做。
- 我們的關係沒有很糟。
- 我甚至不太確定跟父親算不算有維持「關係」。

目前看來沒有什麼進展,不過你想要尋求慰藉的渴望愈來愈強烈,而且慢慢在累積一些正面能量,所以請繼續努力:

- 我們的關係就是如此。
- 我們都只是對方的生活面向之一。
- 我生來並非為了父親而活,而父親生來也非為我而活。
- 也許我們之間根本沒有問題。
- 也許我和父親的關係本應如此。

現在你感覺好多了。你暫時放下船槳,不再奮力逆流。

- 可是,我還是希望當初可以……。

又開始逆流了，再換個角度看看：

- 我跟父親的關係是人生的重要基礎，但不是全部。
- 我很感激父母為我奠定人生的基礎。
- 人生無法回頭重來。
- 我也不想重來一次。

好多了，繼續努力：

- 我還有很多事情可以思考。
- 我有許多正面的人生經驗。
- 過去永遠是我的一部分，但現在才是最重要的。
- 我很滿意自己現在的發展。
- 我的人生有個好的開始。

在這個過程中，你會發現人生不同層面的振動一一浮現，但是你已經知道如何應對。

父母其中一方去世時，往往會喚醒你對死亡的覺知，並且浮現「人生苦短」的念頭。各式各樣的回憶片段，都可能讓你哀傷難過。出現這種情形的時候，你要做的事就是體認到讓你不舒服的想法都是逆流思惟，然後找出讓自己感覺好受一點的想法。

通常，人都要等到父母去世時才有機會重整自我，讓振動頻率和諧一致。由於你的振動頻率有絕大部分都是在跟父母同住的童年時期奠下基礎，所以依然保有過去的思惟模式，自我發展也會受阻。面臨父母去世的傷痛，只要你能藉此機會找出心底的不安，將它轉化為順流、正面的思惟，它就會成為你人生中一個重要的轉捩點。透過這個練習過程，也能化解許多隱藏在心底的抗拒情緒。

我們相信，只要你願意努力，不僅能夠產生比現在更正面的感受，也能夠與內在的自己建立明確的振動連結。此時，當你從與自我連結的宏觀角度回顧過去，你會發覺，童年一如你所願地充滿了甜蜜回憶。

- 我有個美好的童年。
- 童年有許多快樂的回憶。
- 我很感激父母為我指引一條通往美好人生的康莊大道。
- 他們為我引路，然後任由我盡情揮灑人生。
- 人生真美好。

人生總有許多遭遇讓你產生強烈的負面情緒，而且多半是你完全無法掌控的情況。

你無法阻止父親去世，也無法改變他的個性。不過，只要訓練自己關注當下的感受，養成盡可能正面思考的習慣，並且

有意識地順應生命的自然發展,不論面臨什麼處境,你都能夠擁有美好快樂的人生。

# 10
## 我正值青春期

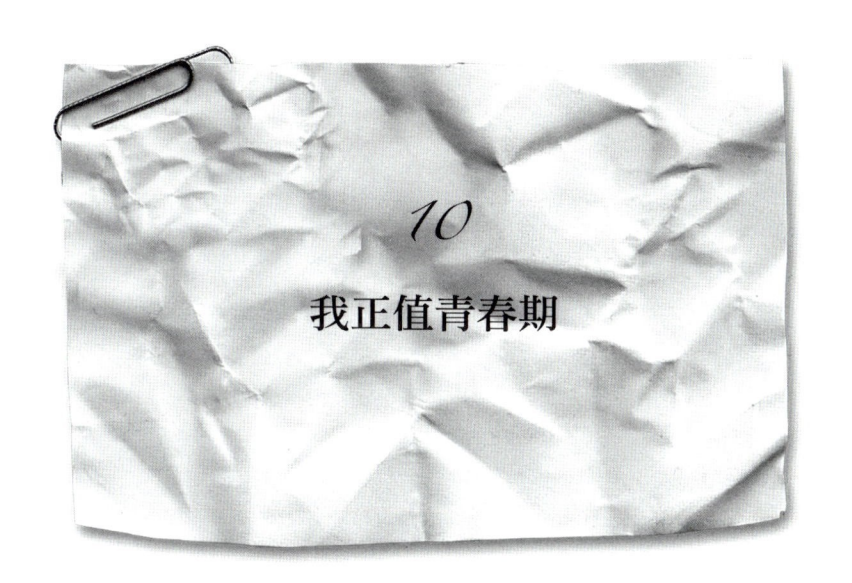

　　我就讀高中，目前和父母同住，自認是個滿正常的孩子。我的成績過得去，雖然很討厭上學，但對很多事都感興趣，也結交了幾個死黨。

　　父母緊盯著我的一舉一動，快把我逼瘋了。不管做什麼，我都得先得到他們的同意。他們老是覺得我都在幹壞事，要不就是有這個打算，所以我不僅不喜歡跟父母相處，甚至害怕回家。

　　我真希望現在可以立刻離家，過自己想要的生活，做我想做的事。可是，我知道必須先完成學業，然後自力更生，才能實現這些夢想。

　　我希望父母不要再管我。我常常被唸到抬不起頭，但其實根本沒犯什麼錯。他們到底哪裡不對勁？為什麼他們不能過自己的生活，我過我的？

我們當然可以請你站在父母親的角度來看，這樣或許可以解答你心中某些疑惑。可是，你不可能真的從別人的觀點來看事情，而且這也不是好辦法，反而會使你內在的振動頻率更加紊亂。當然，你會想把別人的好建議納入自我創造的過程。可是，親自去細細體驗人生，釐清自己真正的終極目標，要比完全按照別人的方式生活容易得多。

　　簡單來說，親子關係破裂的癥結在於：父母常常倚老賣老，希望自己累積的人生經驗可以給孩子做為借鏡。最容易忽略「你的人生由你自己創造」這個事實的人，莫過於普天下的父母親了。當父母親生下你之後，他們就會把拉拔你長大和確保你健康幸福當成生活重心，把你跟你的人生當成他們的創造物——這就是造成你遇到問題的原因。

　　父母在看著你長大的時候，也會同時對照自己的經驗，對你將來的圓滿幸福和人生發展，投射出各種期望。這時，他們往往會想掌控你的行為，看到你一步步實現他們為你打造的願景。要是我們有機會拜訪你父母，一定會勸他們不要這麼做，也會引導他們轉而關心如何與內在的自己合一。

　　**我們會希望你父母了解，子女並沒有義務改變行為來迎合他們，同樣的，你也不能要求父母改變行為來迎合你。**

　　你覺得是父母的行為讓你心生不滿，然而，你其實可以選擇如何看待父母的行為，唯有體認到這一點，你才能真正解脫。相反的，如果你認為父母親不改變（基本上他們不太可能

改變），你的心情就永遠不會變好，你就會讓自己陷入絕境，然後想離家出走。

只要開始尋求更多順流思惟，你就能與生命要你成為的更大的自己相契合。此時，你的洞察力、自信心和活力都會提升，也會更加快樂（這些都是父母希望在你身上看到的）。當你能夠以更強大的頻率展現出這樣的你，父母親就會漸漸對你改觀，不再干涉你的生活。

你可能會抗議說：「好像只有我單方面要努力。我要調整思惟模式，我要自我契合，然後我的心情就會好轉。我的心情好轉，父母就會更加認同我的行為。他們只要坐享其成，等著我修正行為。難道他們不需要做些什麼，讓我好過一點嗎？」

還是那句老話，如果有機會見到你父母，我們一定會引導他們把焦點放在與內在的自己合一，並且提醒他們，他們其實無法掌控你的行為。可是，你若是一心認為別人必須先改變，自己的心情才會好轉，你就會永遠處於弱勢，因為別人要怎麼做，不是你可以控制的。倘若你能體認到，你的感覺只和思想頻率是否協調有關，不要在意任何人的所作所為，進而努力達到自我契合時，你就能充滿力量。這時，你才會真正自由。

我們並不鼓勵你站在他人的立場思考──即使這麼做，有時確實可以帶來些許安慰。但我們如果用這種方式安慰你，就跟別人改變行為來取悅你沒什麼兩樣。大部分的人都以為這就是自己想看到的結果，但我們希望你了解，不論什麼情況，這

麼做只會招致反效果。

如果凡事都要別人迎合你，你才會感到快樂，你的人生旅途必定不會順遂；輕則處處受限，重則動力盡失。你可以透過調整思惟來改善自身感受。只要領會這一點，你便能與內在自己合一，並且常保快樂情緒。在整合自我力量之後，你將能發揮巨大的影響力，並且事事順心如意。還要強調的一點是，**掌控思惟方向和改善自身感受比較容易，要求別人改變行為相對而言較為困難，甚至是不可能達成的。**

接下來，我們將描述幾種可能發生在你身上的情況，及你身在其中的反應。隨後，我們也會告訴你如何轉為順流的思惟模式。

你告訴父母要跟朋友到某個地方去玩。你知道他們終究阻止不了你，但總會照慣例數落你一頓，不僅說你交友不慎，還批評你們的計畫。這時，你心裡的想法是：

- 你們怎麼知道什麼事對我是好的？
- 你們怎麼知道什麼事對我來說是好玩的？
- 我不覺得你們知道什麼才好玩。
- 你們也許根本沒有好好玩過。

面對父母的態度，你會產生這樣的想法是很正常的，不過這些依然都是逆流思惟。

- 你們不懂我的生活。
- 你們也不給我朋友一個證明的機會。
- 我覺得你們根本不想努力了解我。

我們懂你的心情,但你依然處於逆流。請別要求父母改變來讓自己好受。你必須想辦法讓自己好過:

- 我不需要你們認同,我還是喜歡我的朋友。
- 過去經驗證明,他是我真正的好友。
- 至少你們沒有連我的經驗都想控制。
- 只要我離家跟朋友在一起,我就會快樂起來。
- 我想,我可以理解你們是出於一片好意,希望為我好。

現在,你感覺好多了。

- 可是,我覺得你們其實不知道什麼才是真正為我好。

這個想法比較偏向逆流。

- 不過,你們會替我著想,這个能怪你們。
- 我還是會去出去玩。
- 你們並不能阻止我。

- 情況本來可以更糟的。
- 我想現在似乎沒那麼糟。

在這個過程中,現實情況並沒有改變——父母依然百般刁難,而你則是不顧他們的反對,執意要出門。可是,由於你試著轉向順流的思考模式,發出比先前更為正面的振動,你跟朋友出去的時候,就不會像以前一樣滿懷著對父母的怨恨。你的心情輕鬆自在許多,出遊也有個好的開始。這次,你不會再對朋友一直抱怨自己的父母,心思也不會受到父母的牽絆,能夠更愉快地投入當下的時光,盡情享受出遊的樂趣。到了晚上,跟朋友的聚會結束之後,你也不再像以前一樣害怕回家。

你的振動頻率一旦產生巨大轉變,達到自我契合的境界,很可能也會連帶影響父母。回家之後,你或許會發現父母都睡了,而不是像過去一樣在客廳等著你。不論外在是否有顯著的改變,**你的心情已經好多了,這就是改變的最好證明——這樣就已足夠。**

## 11
## 好友在背後說我壞話

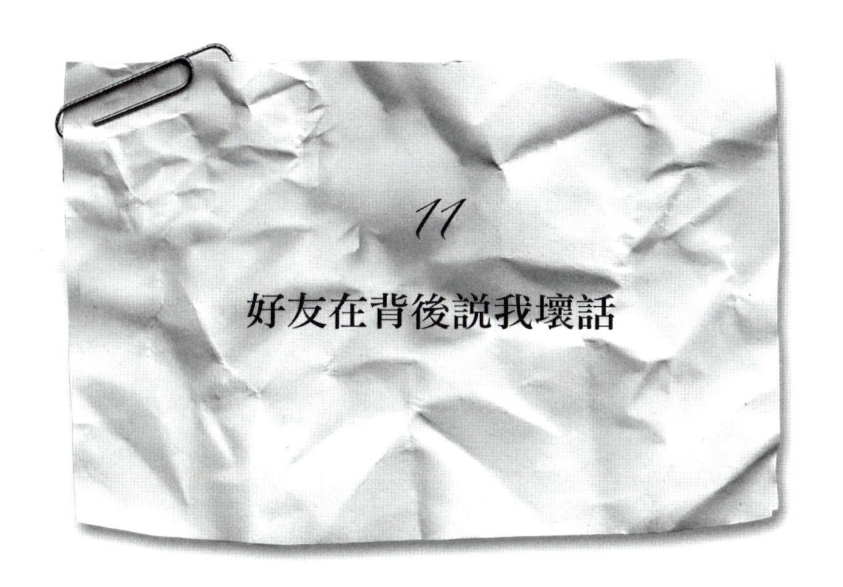

　　我是個高中生,最近,有個問題讓我很困擾:我從小到大的死黨,不知道為什麼開始暗地裡中傷我。表面上,他還是跟我很要好,可是有人告訴我,他在背後說我壞話。他會捏造一些我從來沒說過的話,想盡辦法挑撥離間。最糟糕的是,我根本不知道他說了什麼,所以沒辦法為自己辯護。我真的很擔心,好怕我認識的每個人都會聽信他的謠言。他為什麼要這麼做?我有什麼辦法阻止他?

以下這番話,你現在或許聽不進去,但我們還是必須說,你問錯問題了。如果你一直去猜想他為什麼這麼做,你的振動就會跟對你不利的處境契合,並吸引更多相同的情況發生。到最後,你會發現背叛你的好友不只一位。

設法阻止他人的行為是沒有用的。就算你有足夠的精力或影響力要求別人改變,在這過程中,你只會發出與願望完全違背的振動頻率,而更加失衡。

**你的力量並非來自改變他人,而是改變自己對他人行為的反應。你控制不了別人,卻完全可以掌控自己的情緒反應。**

專注在某件事上,你就會發出與其頻率相應的振動。因此,倘若你專注的目標與內在的自己相契合,這兩個層面的振動就會合而為一,你也會感到愉悅。相反的,倘若你專注的目標使你感覺很差,就表示這兩個層面的振動頻率不符。這時,你只需把意念集中在達到與內在的自己相符的目標上,並努力維持。這樣,你不只能夠隨時保有好心情,人生也會更加順心如意。

很多人一聽到自己要先改變專注的目標,就會抱怨:「那散播謠言的人呢?難道他什麼都不用做?明明是他做錯事,為什麼我要調整思考模式?」這些問題都合情合理,但我們的回答是:**如果你必須仰賴他人改變行為才能獲得快樂,那麼你永遠不會快樂,因為你會一直想要求更多人做更多改變。**

仔細觀察處境,你會發現,許多事情是你無法掌控的。不

過，只要學會轉化思惟，使它與自身振動相契合，就能調合自我能量。自我契合之後，你不但心情好轉，也會發出強而有力的振動頻率，促使吸引力法則予以回應。這時，不論他人懷有什麼企圖——甚至是針對你的不良企圖，都無法超越這股順應生命之流的強大力量。當你與內在的能量源頭相接，處於完全契合的存在狀態，只有你所期盼的好事會來臨，出於惡意的壞事都會被摒除在外。

故意在別人背後說他壞話，是一種缺乏自尊的表現，能夠與自身能量本源相連的人，絕對不會做這樣的事。很多人可能會建議你，看在這人是多年老友的份上，你應該設法幫助他，轉化他的負面情緒。你當然希望朋友心裡好受，所以或許會想這麼做。可是，你必須了解，如果你心裡一直很介意朋友已經失去平衡，卻還迫使自己去安慰他，只會強化他失去平衡的一面，使情況變本加厲。

你必須學會從正面的角度看待朋友，才能真的幫到他，但是在你行動之前，必須先與內在頻率一致。找尋能讓你釋懷的順流思惟，就是幫自己心情轉好。只要專注在讓自己情緒更好，你該做的和能做的工作便已完成，這樣就足夠了。

現在，請你從當下的處境開始思考：

・我的好朋友故意捏造謠言中傷我。
・我不知道他為什麼要這麼做，也不知道如何阻止。

・他不再是我的好朋友了。
・朋友才不會做出這種事。

以上這些陳述都有根據，也都是事實，卻沒有幫助。請尋求能夠讓你釋懷的想法：

・人通常會相信不實的謠言。
・我不知道他到底跟哪些人說了什麼話。

這或許是真的，但也都不是你能掌控的情況，所以當你這麼陳述時，即是讓自己處於逆流、抗拒的狀態。請記住，你的目標是紓解情緒，而非重述現狀。

・他沒有辦法跟每個人說我的壞話。
・如果他的情緒老是這麼負面，不想受影響的人就會避開。
・很多人聽到流言的時候，都會猜想背後的主使者是誰。
・也許大家沒有我想像中那麼喜歡散播八卦。
・我並不是眾人的焦點。

從上述這些話可以看出，你的感受稍有改善。請好好利用剛剛累積的一點能量，這正是個轉化思惟的大好機會，使你從最正面、樂觀的角度，來看待周遭的朋友。當有朋友聽到流言

而來質問你時，你若能維持與內在自己契合的狀態，他馬上就能察覺事情跟你無關。相反的，如果你的反應是很生氣，開始替自己辯護，朋友就很難判定你究竟是清白的，或者只是惱羞成怒。因為，在這兩種情況下，你發出的振動頻率幾乎相同。

你只要保持正面思考，以最樂觀的態度看待周遭的人，經過一段時間，根本不會有人相信那些負面傳言。他們只會說：「這聽起來不像他的作風，我不相信他會說這些話。」他們說的正是事實。

- 我希望朋友心情好轉。
- 有好朋友的感覺真的很棒。
- 每個人都有順遂和不順遂的時候。
- 我很高興能了解到，人生是可以很順遂的。
- 我很高興能知道，一切都由吸引力法則主宰。
- 我也很高興能知道違背吸引力法則的事不可能發生。
- 我很高興知道我可以掌控自己的情緒。
- 我知道我無法控制他人的思想或感覺，這也沒關係。
- 我很希望朋友的心情能夠好轉。
- 不過，我並不擔心。
- 一切都很順利。

## 12

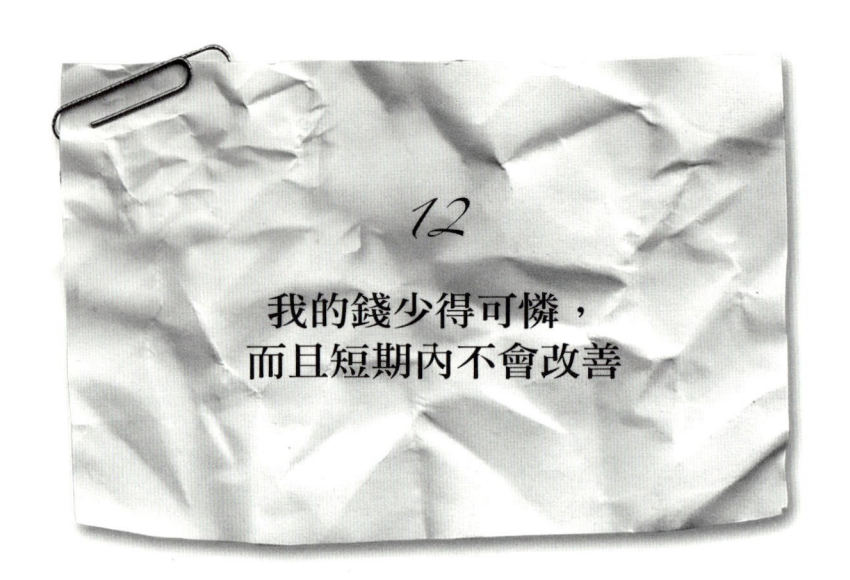

## 我的錢少得可憐，
## 而且短期內不會改善

　　朋友打電話來邀我吃飯、看電影，可是我沒有錢可以去。不是我想省錢，而是我真的沒有錢。兩天之後薪水才會進帳，現在我口袋空空。家裡還有足夠的存糧，但都不是什麼好料，只有幾罐速食湯、玉米片、幾包燕麥點心，還有花生醬和餅乾，勉強可以果腹。

　　我真的很受不了沒錢的日子。有些朋友沒工作，居然還比我有錢，因為他們有家人支助，真令人羨慕！我很想再回學校念書，拿個文憑，找到更好的工作。不過，這得花上好一段時間才能達成。現在，我實在沒辦法兼顧學業與工作，真希望有人贊助我。

當你遭逢大起大落的人生經歷，確實很難不去在意。財務狀況對於生活有極大的影響，許多人生的重大決定，也都與金錢脫不了關係，所以你會特別在意自己手上有多少錢，是合情合理的。我們知道，你現在很難不去在乎沒錢的窘境，但希望你能了解，你其實可以掌控自己對這個處境的感受。換句話說，你可以因為沒錢而感到憂慮或憤怒，但也可以沒錢卻仍舊怡然自得。感覺其實會隨著處境改變：**我現在沒錢，但薪水很快就會進帳，這總比不知道哪一天才會有錢的感覺好多了。**

一般人多半認為，自己在某一時刻的感受，取決於對當下處境的認知。當事情順遂的時候感覺很好，不順的時候感覺很糟，所以才會有這麼多人想掌控情勢。

有時候，採取行動確實能夠多少掌控局勢，所以人們當然很想這麼做。然而，當你懂得從振動的觀點來觀察世界和人生，多把力氣花在促進自身振動能量的平衡，少用在行動上，就會發覺情緒的驚人力量。這也是世上所有富人和具有影響力的人，都熟知並身體力行的成功祕訣。

即便深受缺錢之苦，對你來說依然是好事，經濟拮据的時候，你會知道自己不想要什麼，然後更清楚自己想達成的願望：你想獲得更多安全感，也想得到更多金錢。你會想做一些感興趣的工作，增加收入，也希望自己負擔得起某些享受。也就是說，現狀成為促使你提出更多願望的基礎。即使身處逆

助你順流前進：案例12

境，這些願望會因為你投射出渴望的意念，而變得唾手可得。

然而，只要感到痛苦，你就無法實現這些願望。痛苦的情緒顯示你正處於逆流位置，而你所求的一切，唯有順流才能取得。你必須設法尋找順流的思惟，樂觀看待自己的財務狀況，否則情況永遠不會改善。因此，請你現在開始搜索可以稍微舒緩心情的想法：

・星期五就會拿到薪水，那時候我就有錢了。

這個想法可以讓你稍微釋懷，但效果維持不了多久，因為你很清楚自己的習性：收到薪水之後，手頭寬裕幾天，但是很快又會把錢花光，再度陷入沒錢的絕境。

你會感到痛苦，不光是因為現在手頭很緊，也是因為知道自己沒有足夠的錢可以支持往後的生活，或者過真正嚮往的生活。你或許很懊惱自己當初為什麼不用功一點，就不會像現在這樣，沒有大學文憑，找不到更好的工作。反觀同年齡的朋友，卻什麼都有。你或許也很氣父母在你成年之後沒有提供更多支援，家裡沒有企業讓你經營，也沒有財產可以繼承……。

**金錢往往涉及許多根深柢固的問題，所以你一定要先設法紓解情緒，才能轉化思惟，迎向你在生命經歷中所產生的種種願望。** 換句話說，每當你發覺自己充滿了負面情緒，一定要設法加以紓解。每紓解一次，內心的抗拒就會減輕幾分。經過一

段時間，你便能完全擺脫抗拒的心態。即使是像財務窘迫這類容易引發負面思惟與情緒的問題，也能夠處理。

你一開始就先想到目前的處境是很自然的。接著，請你直接從現狀出發、提出陳述，任何陳述都行，然後尋找可以進一步紓解情緒的想法，努力將思惟扭轉為順流：

- 星期五就會收到薪水，但到了下週一，錢大概就花光了。
- 我賺得不夠多，沒有辦法過好一點的生活。

這是你目前的處境，也是事實，但只要你願意努力，心情一定能夠好轉。

- 至少我有一份工作。
- 我不是很喜歡這份工作。
- 不過，找到這份工作並不困難。
- 當初很輕易就找到了。
- 我一直都有其他工作可以選擇。
- 只要我真的想，我覺得我可以找到更好的工作。

到這裡，你已經有些許進展。這是個大好機會，即使只有這麼一點進步，也能夠為你開啟通往更上層樓的大門。

- 現在這份工作似乎挺適合我。
- 雖然我想要一份更好的工作,但我目前能做的就是如此。
- 我理想的工作已經改變了。
- 只要我想,我可以表現得更好。

最後這句話與上一組的最後一句差不多,卻更發自內心。現在,你顯然更放鬆。

- 我有能力找到待遇優渥的工作。
- 如果別人可以賺更多錢,我也行。
- 每個人都得從既有的資源開始努力。
- 許多人都是白手起家成為百萬富翁。
- 看看我進步多大,可以從煩惱沒錢的問題想到如何變成百萬富翁。

短短幾分鐘之內,你手頭上的錢沒有變多,振動頻率卻產生了巨大的轉變。我們想特別強調的是,你先前和現在的感受之別,就是決定你繼續窮困或成為百萬富翁的關鍵所在。不過,只練習一次是不夠的,你必須持之以恆地轉化思惟,才能真正看到成果。換句話說,剛剛的練習足以讓你採取更輕鬆的態度看待財務問題,不僅可以自我解嘲,心裡也踏實許多。可

是，往後的經歷可能會迫使你把焦點拉回當下，對於金錢的負面情緒又會油然而生。

不過，只要你保持正面情緒，並且下定決心利用這股能量來檢視自己的思惟模式，然後持之以恆地朝順流思惟的方向走，沒多久，你就能讓自己內在的振動頻率與願望相應。這時，你除了比較不會擔心之前的問題，實際的財務狀況也會隨著振動頻率的轉變而開始好轉。過不久，你會發現財富滾滾而來，而且得來不費工夫。屆時，你會赫然發現，其實一直以來都是你自己把財富擋在門外。

請繼續尋求讓自己感覺更好的想法：

- 不論想要什麼，我一定都有足夠的錢可以買到。
- 我想擁有很多昂貴、高檔的東西。
- 我現在知道，自己想要的一切其實唾手可得。
- 只要釐清自己真正的願望，就能實現它。
- 我現在終於體會不為金錢所苦的自在感。
- 我現在懂得不去計算金錢的多寡。
- 當生命經歷促使我釐清願望，就是實現願望的最佳時機。
- 我一直都知道，採取哪一種途徑實現願望，會帶來最大的快樂。
- 看到眼前有這麼多達成夢想的途徑，真的很有意思。

・成功的道路不只一條,而且各異其趣,但條條都通往我所追求的富裕人生。

只要你按照這個方法循序漸進,找尋以上陳述所隱含的正面感受,就能從跳脫窮困的絕境,實現經濟獨立的目標。

**人生由你自己掌控。不論你擁有的東西比別人多或少,你的生命都不會因此受限制**。人生經歷會幫助你設定當下的目標,而只要保持順流、正面的思惟模式,你就能達到這些目標。宇宙法則會在背後推動你,而吸引力法則也會持續引領你走向阻礙最少的康莊大道──生命將能以無限寬廣的形式,助你向上提升。

## 13
## 我找不到理想伴侶

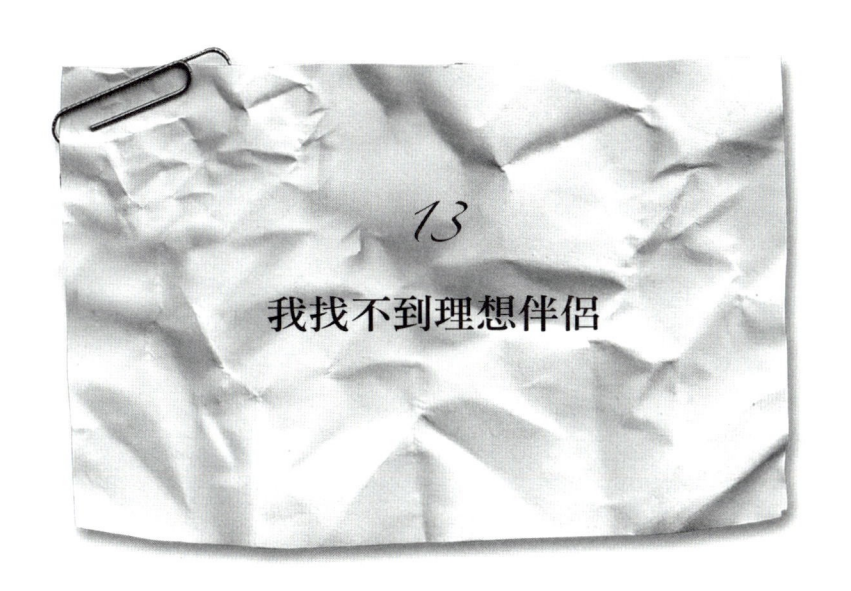

　　我一直想找個伴侶定下來，但就是碰不到適合的女性。事實上，很多前女友都希望跟我定下來，可是我對她們沒有特別的感覺。現在，我幾乎不敢再交女朋友了，因為老是找不到真正心儀的對象，也不想拒絕別人，傷害她們。只是單純交往的話，事情會容易許多，但是我希望的是定下來。我真的不知道該怎麼辦，如果不跟人交往，就很難找到理想伴侶，可是對我來說，交往好像也沒有用。

**當**你很渴望得到什麼，卻只看到相反的東西時，一定會產生負面情緒。當你很想得到什麼，卻認為得不到時，也會產生負面情緒。可是，當你不在乎某件事時，不論它怎麼變化，你都不會太介意。譬如，如果有位陌生人打電話說，這是他最後一次跟你聯絡，想必你一點都不會難過。

　　極度想要得到某樣東西時，你會對它投射強烈的情緒。這時，當你把意念放在迎合願望的順流思惟上，就會產生同樣強烈的正面情緒；相反的，當你把意念放在與願望相違的逆流思惟上，就會產生強烈的負面情緒。

　　你一直想找到一位對象好好定下來，這個渴望愈來愈強烈，這是好事。只要抱持樂觀態度，認為自己一定可以心想事成，你的理想伴侶自然會在天時、地利、人和的情況下，走進你的生命。然而，亟欲找尋對象的人多半會犯的錯誤，是先認定某個人，然後設法讓那個對象變成理想伴侶。一旦發覺這段關係不如期待，他們就會偏離順流思惟方向，使關係每況愈下。

　　你可以採取輕鬆一點的態度看待男女關係，不要把每個對象都當成「終身伴侶」來交往，而是這樣想：「跟她共進晚餐很愉快」，「跟她說話很開心」，「今天跟她度過很愉快的一天」。這時，宇宙自然會加速為你製造與理想對象碰面的機會⋯⋯**只要完全信任宇宙法則，順應那生生不息、孕育萬物的生命之流，你就能擁有一切所求。相反的，倘若你堅信唯有**

**採取行動才能實現夢想，往往會與生命之流背道而馳，也和自己真正的願望漸行漸遠。**

當你以輕鬆自在的態度面對人群，一定會吸引與你想法相近又開朗活潑的人。相反的，當你用放大鏡檢視每位交往對象，看她們是否符合你理想的擇偶條件，就會吸引跟你一樣挑三揀四的人，最後只會不斷互相傷害。

保持正面的態度與人交往，以現階段愉快相處為目標，而非以終身相伴為前提，你的振動頻率才會和自己真正想要的關係相符，宇宙力量也會加速把理想伴侶帶到你面前。

當你因為急於尋找對象而焦慮不安，或者因為愛你的人不是理想對象而苦惱不已，你就是與自身的願望相違，並使振動頻率轉而與你不想要的事物相應。因此，你愈不想要的情況就愈會出現。

只要改變認知就能發揮巨大的力量，這或許很難令人相信，但事情就是這麼簡單。如果你能夠與眼前交往的人相處愉快，就算她不是你的理想伴侶，你還是在順流的方向上，離你的理想伴侶愈來愈近。然而，倘若你因為覺得找到錯的人而感到痛苦，又擔心拒絕對方會傷害她，你就會處於逆流位置，逐漸遠離心中真正所求。

縱使目前找不到理想對象，你也要設法保持愉悅的心情，這樣才能找到真正心儀的對象。請和我們一同下定決心，努力尋求順流的思惟，樂觀看待每一次約會、約會的對話、理想伴

侶的條件和男女關係。我們一起設法紓解情緒，直到思惟轉向順流為止。屆時，你就能擁有充滿活力的快樂人生，吸引更多同樣樂觀開朗的人與你共處；不僅如此，在很短的時間內，理想對象也會自然而然出現在你的生命中。相遇的那一刻，你們彼此都會知道，自己就是對方尋覓已久的另一半。

這一刻來臨時，你們不會玩笑以對，不會互相嘲弄對方，也不會互耍心機，或者跟對方說：「我愛你，可是你必須為我稍稍改變自己。」你們都會視對方為一生所求的完美伴侶。藉由這段關係，你們相互滿足、充實，並且持續進步。

現在，你唯一的任務就是尋找順流的想法，為自己帶來安慰。同樣的，請從你目前的處境著手，努力改善自身感受：

- 適合的伴侶不容易找。
- 有人愛我，我卻不愛她們。
- 我不想傷她們的心，但也不想勉強跟不愛的人定下來。

先從逆流思惟開始是很正常的。現在，請開始尋找可以讓心情好轉的想法：

- 我真的不需要把每次約會都當成擇偶的機會。
- 我喜歡在不同的前提下認識不同的人。
- 我發現自己交往的對象都很有趣。

- 我很高興有機會去認識不一樣的人。
- 從過去的交往中，我逐漸了解自己真正想要的理想伴侶。
- 每一次的交往都讓我更清楚自己的理想。
- 每一段生命經歷，都促使我的觀念與願望有所轉變。
- 我可以察覺到，這是再自然不過的過程。
- 我不知道自己為什麼要把事情弄得這麼複雜。

　　以上每項陳述都為你帶來更大的安慰，同時，好事即將來臨：你會開始遇到許多有趣的對象，而且情況跟以往截然不同。她們會跟你一樣，只是想多認識和了解異性，希望能找到志趣相投的交往對象，也不急著投入婚姻。這些女性都很有自信，也懂得享受人生。在這群與你較為投緣的女性中，可能就有一位會是你的理想伴侶，或者她們可以幫助你拓展交友圈⋯⋯，但過不了多久，你將遇到尋覓已久的終身伴侶。相遇的剎那，你們彼此都明瞭，自己就是對方理想的另一半。此時，你會感激過去每個交往對象幫助你找到真正的伴侶。

## 14
## 我和妹妹冷戰

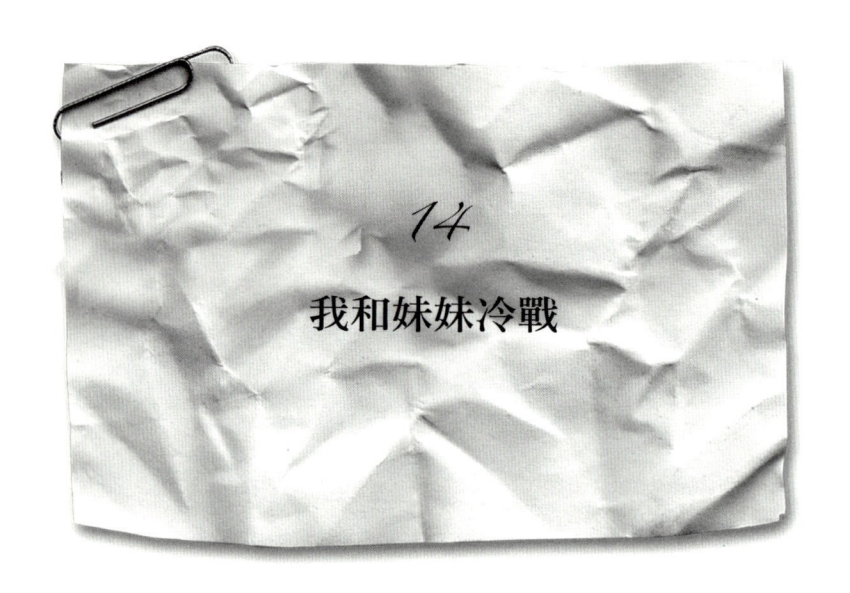

　　一年前,自從我和妹妹大吵一架後,我們再也沒說過話。有時候,我覺得應該主動打電話給她。可是,我還清楚記得那次吵架時,她是如何讓我火冒三丈。我很怕一開口跟她說話,就會再度燃起心中怒火。和她冷戰並不好受,但至少比吵架的感覺好多了。

　　當初是她主動找我吵架,又完全不想試著聽我的觀點。她一直都很固執,總認為自己沒有錯。每次都是我讓步,戰爭才會落幕,但我實在不想再讓步了。

大部分的人都希望得到別人的愛、尊重與了解。問題是，別人是否愛你、重視你和了解你，根本不是你可以掌控的事。

我們發現，去愛人、重視和了解別人，與被愛、被重視和被了解一樣快樂，而且最有趣的是，前者反而是你可以完全掌控的。你只要願意，就有能力愛人。別人的行為或許會激怒你，使你失去愛他們的意願。然而，你必須了解，如果不放開心胸去愛他人，內在的振動能量便無法調合——因為不論如何，你內在的自己都愛著這些人。

你一直把這些人放在心上，只要一想到他們就會難過，所以也把自己難過的情緒歸咎於他們。既然他們讓你這麼不高興，你繼續生氣是應該的。對方要是肯改，你就會好受一些，問題是他們不想改，所以你的心情好不起來。這樣看來，你的感受似乎都受別人掌控。也難怪你會對他們生氣，因為你把自己最珍貴的東西交給了別人，那就是開啟自我力量的鑰匙。

只要謹記你的感受全由自己掌控，不論遇到什麼困難，你都能重拾力量，回復到與內在自我相連的狀態。與內在自我相契合，你就不容易受他人的行為、言語和態度左右。別人的種種表現都與你無關，甚至他們對你的看法也與你無關。

就算你在一段關係中所受到的傷害是自小累積而來，要恢復自我契合的狀態也不如想像中困難，你不需要追本溯源，或者藉由回顧過去來尋找補救及解決之道。你此時此刻感受到的

痛苦，永遠只和一項因素有關，那就是你現在的振動狀態。主宰振動狀態的力量，即是你當下的思惟，以及你與內在自己之間的振動關係。**你是充滿了愛的存在體，一旦不再愛人，不論什麼原因，你都會感到內在四分五裂。**

我們明瞭，不管讓你痛苦的始作俑者是妹妹、邪惡的獨裁者或是拋棄你的愛人，你都覺得自己有權利生氣或怨恨。然而，無論遇到什麼情況，除了懷抱愛與感激之外，你都沒必要產生負面情緒，因為與內在的自己失去連結的代價太大了。

通常，若想強迫自己放下對某人的積怨，不僅會擺脫不了，還反而會找更多理由繼續懷恨在心。而你的痛苦，其實只是因為違背內在自己所造成的結果。換句話說，當你的情緒一直很差，並且認為負面情緒是由他人引起，你就會非常在意，而且認為自己再怎麼樣都有理由不高興。可是，你之所以如此憤怒，是因為內心深知自己本應開心，所以不開心的時候，就會難以承受。

當你知道自己有能力可以化逆流為順流思惟，而且不需仰賴他人改變行為，你會發現，唯有卸下內心的抗拒，才能真正體會無與倫比的輕鬆感。一旦發覺思惟的力量，你就不會再去尋求他人愛你、重視你、了解你，或者安慰你、照顧你和幫助你。因為你已經和宇宙一切資源相連，達到無比圓滿的境界。這時，有趣的現象發生了：與愛和尊重的振動頻率相契合，你自然會成為受眾人喜愛、重視的人。

請從你的現狀開始思考：

- 我妹妹如果想跟我說話，可以主動打電話給我。
- 每次都是我讓步，我不想再當求和的人。
- 不跟她接觸，我會比較快樂。
- 跟她維持良好的關係太辛苦了。

這是你目前的處境。或許很多人會認為，讓你生氣的妹妹不值得你付出關愛，但我們鼓勵你嘗試這項思惟練習，並非因為她是你妹妹，而是因為你理當與內在自己契合。如果煩惱的人換成是你妹妹，我們也會給她同樣的建議：**與內在的自己契合，讓自己充滿愛與尊重，這麼做並不是為了對方，而是為了自己**。如果世界上每個人都能領悟這個道理，並且自主地達到振動能量的契合，那是再好不過的事。不過，就算對方不懂得這個道理，你一樣可以讓自己快樂──因為你的快樂並非建築在他人身上。

現在，請你試著放輕鬆：

- 我滿懷怨恨已經好長一段時間。
- 放下它，應該會好過許多。
- 我甚至不太記得當初吵架的內容。
- 我相信絕對不是什麼大不了的事。

- 我如果不愛妹妹，或許就不會這麼在乎她的想法。
- 不管她怎麼想，也許我一樣可以愛她。
- 我現在知道，我無法控制她的想法。
- 但我知道，我可以控制自己的想法。
- 我可以感覺到，真正掌控自己的思想，會有多麼自在。
- 我想，這就是我一直想要的感覺。之前就是因為無法掌控自己，才會如此憤怒。
- 我想，我不該再把自己的情緒歸咎於妹妹。

我們想提醒你的是，努力與內在的自己相契合與感到輕鬆，不是為了後續的行動做準備。我們不會要你打電話跟妹妹和好，而是希望你先與自己和好，並且設法找到能夠促進與內在的自己合而為一的思惟模式。可以肯定的是，與內在的自己契合時，任何行動都會有利於你；與內在的自己違背時，任何行動都會不利於你。

- 我的心情好多了。
- 我很愛妹妹，也很重視她。
- 說不定，我之後會打電話給她。
- 我不用馬上做決定。

現在你的感覺好多了，請盡可能保持這些正面感受。每當

你發覺自己又開始產生負面情緒，請加倍努力扭轉思惟。如此練習一段時間，你就會習慣從正面的角度看待自己與妹妹的關係。屆時，事情將會出現轉機，促使你滿懷喜悅的進入下一階段的思惟練習。

有時候，感覺一開始好轉，你就會迫不及待想採取行動，好讓他人跟上你的腳步，一同體驗心情舒暢的感覺。然而，最好的方式是讓自己暫時沉浸在煥然一新的正面情緒中，直到你的內在能量確實穩定下來為止。隨後，吸引力法則自然會做好一切安排，讓你在適當的時機遇到適當的人。你唯一的任務就是紓解情緒，盡可能與內在的自己和真正的願望相契合。

## 15
## 我被另一半管得喘不過氣

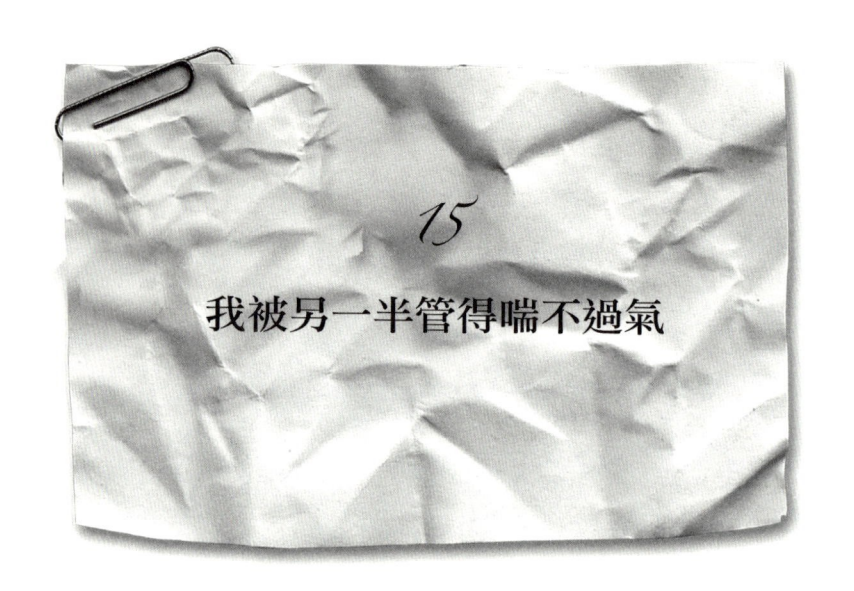

　　我很高興可以認識我太太。我們很多方面都非常契合,也能夠相互扶持。我們不管做什麼事都在一起,工作的時候很有默契,相處也非常融洽,喜愛的食物和欣賞的人都很相近,也有許多共同嗜好。事實上,要是有機會做夫妻速配度測驗,我們一定會是最相配的一對。

　　可是,最近我開始有失去自由的感覺。不管做什麼,太太都要參與,我根本沒有機會單獨做想做的事。某天,我突然發現,做任何決定之前都得考慮到她的觀點,這很累人。我覺得自己一點空間都沒有。

　　知道有位友人正積極尋覓對象,我心裡浮現的想法居然是:「有時候單身真的比較好。」會有這樣的念頭,令我驚訝不已。以前,我總覺得有個伴侶一起生活比一個人好太多,但現在我覺得,或許沒有必要跟另一半共享每一刻、每個想法和每個觀念。我真的有喘不過氣的感覺。

不論你和另一個人多麼親密，影響這段關係的主要因素是你的想法，而不是對方。但是，我們常常會看到一個有趣的現象：人們拚命想控制別人，卻很少嘗試控制自己的思惟與覺知。然而，你永遠無法掌控他人，卻能夠完全掌控自己。人往往認為，只要另一半肯改變，自己就會好過許多，這完全是本末倒置。當你跟對方說：「你如果願意改變行為或個性，我就會好受一些」，其實真正的意思是：「我的快樂取決於你是否願意和能夠改變自己；所以，我是無力的。」**追求快樂是每個人與生俱來的本能，但許多人都認為自己的快樂建立在他們無法掌控的人事物上，所以一旦與親密對象的關係出了問題，往往會非常難受。**

　　剛開始交往時，你們都只看到對方好的一面，所以進展得很順利。除此之外，你們還會盡一切努力去取悅對方。可是，當你凡事都以取悅對方為出發點，而不是尋求自我契合時，就會自己找罪受。你不可能以滿足對方一切需求為重心，因為身為一位自主創造者的你，這麼做是違反了自己的本質。

　　**試圖取悅他人，就是助長對方產生錯覺，讓他們以為自己的快樂是別人的責任。長久下來，他們不僅會失去自己的力量，也會變得不快樂。我們可以很肯定地說，你愈努力取悅他人，他們就愈不快樂。這會促使他們習慣仰賴你的行為獲得快樂，而不是往內和自己可以完全掌控的能量契合。**

　　你把全部的心思都放在太太身上——不斷告訴自己你有多

愛她，還有讓她快樂有多麼重要，再藉由行動努力維持她的快樂，難怪你會覺得喘不過氣。嘗試這項不可能的任務，絕對會耗費你許多時間和心力。

此外，在多數情況下，你愈想藉由掌控情勢來取悅別人，他們就愈依賴你，時間一久更會得寸進尺。每個人生來就是獨立的存在體，所以愈依賴別人，愈不快樂。你一心想讓對方開心，卻適得其反。很諷刺，不是嗎？

**要帶給他人快樂，唯一的方法是自己先獲得真正的快樂。獲得快樂的不二法門，即是要與內在自己的振動頻率相符。**我們將運用這項原則來分析你想取悅另一半所造成的問題：

**情境一：**
- 你希望另一半快樂。
- 你發現她很快樂。
- 你的願望與觀察結果相符，所以你感到快樂。

**情境二：**
- 你希望另一半快樂。
- 你發現她為了某件事不開心。
- 你的願望與觀察結果不符，所以你不快樂。

**情境三：**
- 你希望另一半快樂。
- 你發現她為了某件事不開心。
- 你想盡辦法讓她開心。
- 她暫時忘卻自我失調的問題，心情好了一些。
- 你喜歡她心情好，所以讓她開心變成你的責任。
- 現在她的感受完全仰賴你的行為。
- 她逐漸失去獨立的自我，反而更不開心。
- 這時，你加倍努力讓她開心。你以為自己應該、也有能力讓另一個人開心。然而，在這個錯誤前提下，無論你怎麼做，都只會導致反效果。

**情境四：**
- 你希望另一半快樂。
- 你發現她為了某件事不開心。
- 你運用心智的力量去忽略她當下的感受，然後專注在能夠讓自己維持好心情的事情上。
- 她覺得你應該多關心她，也應該更努力讓她開心。
- 你最大的渴望就是自己要快樂，所以自私地忽略她的不開心，繼續保持好心情。
- 保持好心情（你已經練習一段時間），你就會與更大的自己相連。

- 你與更廣闊的宇宙資源相連,所以做任何事都恰逢其時,而且頭腦清明又充滿活力——你的感覺好極了。
- 當你和更廣闊的宇宙資源相連,就會發出更為強烈、圓滿的振動頻率。你太太也希望擁有好心情,所以你的振動頻率會連帶影響她,幫助她達到自我契合。換句話說,正由於你堅持與生命圓滿資源相連的一己之私,才能夠帶著妻子提升到她所求的境界。
- 最重要的是,不論你達到什麼樣的契合境界,也不論你發出的圓滿振動頻率多麼強烈,你的另一半都必須自行努力與內在的振動頻率契合,你無法替她完成。

所以重要的是,你必須愛他人愛得夠深,深到能鼓勵他們與自我契合,而這也是讓他們快樂的唯一途徑。因此,請你盡可能關愛和善待身邊的人,但這麼做並不是為了滿足他們的需求,而是因為你與內在自己的頻率一致了。

務必謹記的一點是:轉化心情和練習正面思考絕非難事,但試圖去影響他人的行為、情緒或契合狀態,卻困難重重。**請專注在自己的振動平衡,其餘就交給吸引力法則來運作。**

現在,就從你目前的處境著手,努力尋找順流的想法:

- 我被太太管得喘不過氣來。
- 我不想做每件事都先考慮她的想法。

・我希望她能夠投入某件事，不要把重心都放在我身上。

這是你面臨的現狀。請不要試圖要求對方改變，而是藉由正面思考來紓解自己的情緒：

・不管另一半要什麼或想什麼，我一樣可以獨立思考。
・我有什麼想法，都不需要先考慮到她的反應。
・我的感受多半受自己的思惟影響。
・我有獨立思考的自由。

這些都是順流思惟，也讓你的心情舒坦許多。

・我的另一半並不是真的想控制我。
・只是我們的生活模式改變了。
・我也不是處處與她唱反調。
・我們在許多方面都非常契合。
・她從未試圖主導或控制我的思想。
・我覺得喘不過氣，主要是因為自己的思緒太混亂。
・我有能力自行釐清思緒。
・我的思想由我自己掌控。
・我可以關注的事情多得數不清。
・我可以自行決定要追求什麼樣的興趣。

一旦處於順流，找尋其他更為正面的想法就變得輕而易舉了：

- 我不需要立刻想通一切。
- 我們的關係依然相當良好。
- 我沒有受到任何實質上的限制。
- 喘不過氣的感覺已經消失了。
- 如果之後再有這種感覺也沒關係。我知道原因，也知道如何應對。

## 16
## 先生要離婚，讓我不知所措

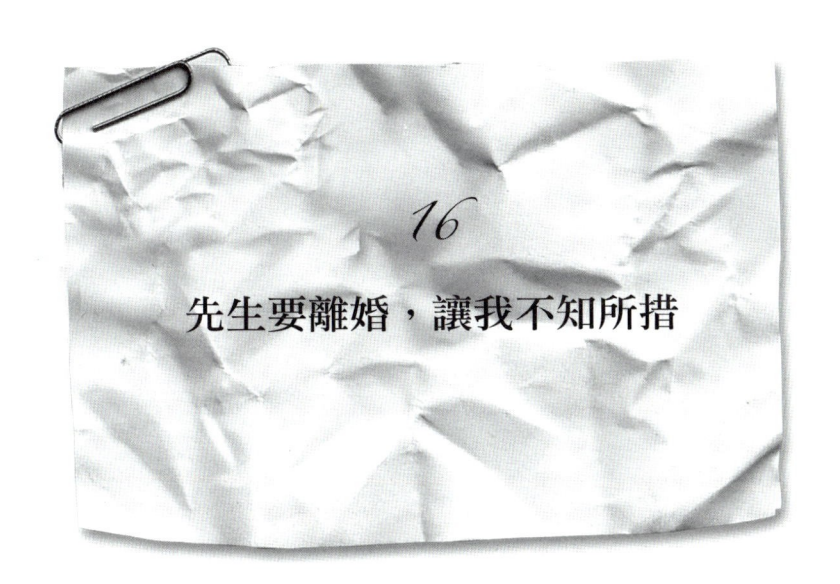

我結婚十年了。上個月，先生突然提議離婚。他說，這件事他已經考慮了很久，也沒有拖下去的必要。我知道我們的婚姻不算美滿，但我不曉得他這麼不快樂，居然到非離婚不可的地步。

當週，他立刻搬出去住。我試著說服他打消念頭，但他在主動提議離婚之前已經下了很大的決心，我看得出來他不會回頭。我勉強打起精神過活，但還是擺脫不了他的影響：我現在不想見到我們共同的朋友，不敢一個人去我們最喜歡的餐廳，連看以前喜歡的電視節目，都會痛苦萬分。我頓時失去了人生方向。

我們接下來要說的話，與你境遇相同的人或許都不太能接受，可是，只要你試著聽進去，就能加速脫離眼前的痛苦：**你的痛苦來自內在振動頻率的不協調，而這是你可以解決的。**

身陷痛苦的人往往會說：「遇到這種事，我當然會很難受。」我們了解，你的痛苦和先生離去有關。可是，即使他是你生命中很重要的人，你因為他離去而產生的負面反應，背後其實還有更大的因素存在。

你終其一生（甚至早在出生以前）都在為理想的婚姻關係打造一個頻率暫存區。這個振動能量的產物，力量強大，而且真實不虛。因此，當你執著於先生當下的行為，即是處於逆流，抵抗極具威力的生命潮流。換句話說，你會感到痛苦，不只是因為先生想離婚，也是因為你和強而有力的振動、意圖以及現實相牴觸。在奔流不息的生命之流中逆勢而行，你勢必會產生非常強烈的負面情緒。

你感到極度難受，並不是因為先生離開你，而是代表你和你當下的思惟背離了心中對婚姻關係的理想願望。這個願望在頻率暫存區裡形成一個實在而美好的振動，正等待著你去擷取。我們想大聲告訴經歷過關係破裂的人：**你嚮往的關係——自你誕生以來一點一滴打造、累積的理想關係，以及每次歷經破裂之後修補而成的美好關係——仍然在你的頻率暫存區。**然而，現在感到痛苦的你，正跟它漸行漸遠。也就是說，你之所

以痛苦，不是因為先生選擇走出婚姻關係，而是因為你現在的意念都專注在他離去的行為上，背離了自己一直以來所打造的「婚姻夢想」。

只要徹底覺察到萬事萬物的創始過程，並且了解自己的頻率暫存區以及呈現當下思惟方向的情緒引導系統（Emotional Guidance System），你永遠不會受他人行為左右。

先生走出家門，只是代表有人離開，並不代表你的夢想、創造與人生也跟著結束。這只是人生歷練的過程之一，使你更清楚自己真正想要和不想要什麼；這也是另一個契機，幫助你打造更為美好的頻率暫存區。

當我們努力解釋，你如何創造自己的現實人生，而且不管想成為什麼、做什麼或擁有什麼都能心想事成時，與你同病相憐的人總會問：「這麼做，我先生就會回來嗎？他是我的真命天子啊！」當然，倘若你能與自己在頻率暫存區打造的理想關係重新契合，你先生和原本的婚姻關係或許就是實現夢想的捷徑。這也是很常見的情況。然而，我們希望你能體認到，即使你現在認為先生是生命中不可或缺的人，也是幸福的泉源，但這個人其實並不重要。

**對你而言唯一重要的是，努力與頻率暫存區的振動頻率相符。一旦達到，宇宙絕對會幫你找到完美的伴侶。也就是說，你必須努力協調當下的自己與內在的自己之間的振動關係。只要兩者頻率相符，一切自然水到渠成。**

另一半離去迫使你轉為逆流思惟。可是，你其實擁有足夠的力量把心中浮現的思惟一一轉為順流。即使在如此痛苦的處境中，你依然辦得到。當你成功地扭轉思惟，不僅心情會大為好轉，所求的一切也都會實現。

一段關係之所以破裂，最大的癥結往往在於其中一方認為自己的快樂是另一方的責任。多數人都會跟另一半說：「我想要快樂。當你這麼做，我就會快樂。因此，我的快樂都要靠你的表現了。」

相信自己的快樂取決於他人的行為，就是自找苦吃，因為不管別人怎麼努力，都做不到能夠讓你保持自我契合的程度。只有你自己能夠藉由順流思惟達到這個境界。你從過去一直累積成的頻率暫存區，沒有人可以理解，因此想要完全倚靠別人獲得快樂，是一種永難達成的奢求。

倘若你先生也認為自己有責任讓你快樂，他一定會感覺被壓得喘不過氣來。到了難以忍受的頂點，他就跟多數人的反應一樣，選擇離開這段關係，好讓自己擁有多一點空間與自由。

試想有人向你訴說這段話，請體會順流的感覺多麼好：

我喜歡跟你在一起。現在能夠在你身邊，我覺得好極了。我想告訴你，我的感受全由我自己負責。不論在什麼情況下，我都有能力掌控思惟方向，使它與內在的自己契合，讓自己保持好心情。你也可以按照自己想要的方式過生活，我不會干涉

你。我喜歡與你共處、與你生活，與你一同分享愛——但我的快樂由我自己負責。

這番體悟，為一段美好關係的永續發展奠下基石，使追求自由與喜樂的伴侶能夠在這段關係中成長。當雙方都體認到，彼此相愛會讓生命持續拓展時，任何一方都不會有離開的念頭，因為在這段關係中，就能擁有每個人都渴望獲得的自由。

當你與內在自己、和你已經創造的理想關係相契合時，你先生或許很快就會回到你身邊。不過，其實你身邊的伴侶是誰並不重要（我們知道這番話你現在聽不進去）。只要與自我契合，並且持續往順流的方向走，夢想中的婚姻關係終究會實現。遇到一生夢想的對象時，你一眼就能認出他。你每經歷一次關係破裂的痛苦，就會促使頻率暫存區產生演變，並且永遠等著你去圓夢，唯一的問題是：你準備好接受了嗎？

現在，請你從目前的處境出發（你也別無選擇），然後循序漸進的尋找讓自己感覺更好的想法：

- 我不知道接下來該怎麼生活。
- 我不想起床。
- 我不想見家人或朋友。
- 我只想一個人靜一靜。

這些充滿無力感與自暴自棄的陳述,顯然都處於逆流,但一開始會有這樣的現象是很正常的。提出這些陳述對你很有幫助,能夠強化你目前處境的振動頻率。覺察現狀最大的好處是,你一旦開始努力尋找正面思惟,就能察覺到自身振動有所改善。

- 我把生活重心都放在這段婚姻上。
- 我以為我們互許終身相守的承諾。
- 我一直都信守承諾。
- 我絕對不會像他這樣對我。
- 我不該遭受這樣的待遇。

這些陳述比先前好多了,雖然其中仍帶有些許無力感,但至少你找回了反擊的力量,所以心情舒坦許多。很重要的一點是,任何順流思惟都比無力感好。看到你從無奈轉為憤怒,有人可能會提醒你注意自己的負面情緒,他們完全看不到你在振動契合上的進展。這些人無法體會你的無力感,所以在他們看來,憤怒同樣屬於逆流思惟。

不過,你的生命之流由你掌控,只有你自己才知道什麼樣的思惟能夠帶來輕鬆感。你可能會連續幾天或幾星期都懷著憤怒與復仇的心情,這其實沒有必要。當你體認到自己具有掌控情緒的能力後,實在沒有理由繼續留在痛苦中。

值得思考的一點是：當你感到無力的時候，憤怒和報復的心情相對來說較為舒坦（順流）；但在你感到沮喪的時候，憤怒的情緒相對來說較為痛苦（逆流）。你的任務就是要持續尋求讓自己更輕鬆、舒坦的想法與感受。因此，把無力感轉換成憤怒的情緒，就代表你往順流思惟方向邁進了一步：

- 我不該遭受這種待遇。
- 我身邊的伴侶應該是希望與我相守的人。
- 對於寧可離開我的人，我不會有任何留戀。
- 我不能把人生交給一位無法信守承諾的人。
- 人生苦短，不值得浪費在這種人身上。

　　市面上充斥著許多談論人際或兩性關係的書籍。撰書的學者專家或諮商師，往往會指出處理人際關係課題應有的態度或行為。然而，這些書籍都有共通的盲點。他們不了解，任何人際關係的課題，都不可能有絕對正確的應對方式或想法，原因有二：一是，你無法掌握當下腦中所有的想法；二是，一個想法是否適當、合宜，只和當下的你相關。

　　換言之，沒有人知道什麼想法對你來說才是對的，可是你自己很清楚──你的情緒引導系統會告訴你。

　　現在，你發現憤怒的情緒比先前的無力感好受一些，請繼續尋找能夠更進一步紓解心情的想法：

- 就某方面來說，我很高興這一切結束了。
- 至少我們兩個不會再惡言相向。
- 把心裡話攤開來說之後，我反而如釋重負。
- 我不用現在就想通所有問題。
- 我覺得好疲憊。

你的心情稍有舒緩，也已經慢慢能夠接受現實。更重要的是，你內心的「抗拒」稍稍減輕了。放下抗拒，你就懂得不再奮力掙扎，任由生命之流帶著你順流前進：

- 事情自有解決之道。
- 我撐過來了。
- 我終究會找到自己的平衡。

你內心已經燃起一線希望，往後的路途只會更加順暢。只要你自主地感受到希望、夢想，內在自己的力量自然會引領你。光是努力尋找正面思惟，你就已達成非凡的任務。

往後，當再度遭逢人生巨變時，你或許會發現以前曾經擺脫的逆流思惟又浮上心頭。或者朋友或家人的遭遇，可能會讓你不由自主想起自己的傷心往事，因而再度感到憤怒，甚至沮喪。不過，在婚姻的課題上，你已經懂得運用意志力來轉化思惟。有過一次經驗後，你就知道自己可以如何應對。每往前

邁進一步,你就愈懂得珍視自己,而且不需細數自己的豐功偉業,也會繼續朝著生命促使你編織的夢想順流前進。

## 17

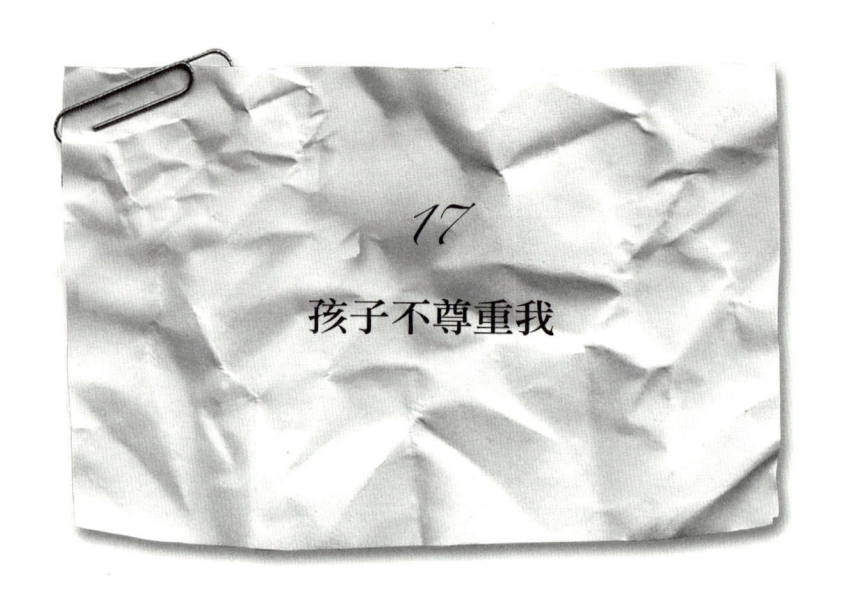

## 孩子不尊重我

　　我獨自撫養三個女兒。正值青春期的她們相當叛逆。不知何時開始,她們變得一點都不尊重我。女兒小時候都很可愛,偶爾會跟其他孩子一樣吵吵鬧鬧,但只要我上前去阻止,她們都會乖乖聽話。

　　現在情況完全不同了。孩子不僅不聽我的話,還會公然挖苦我,老是對我擠眉弄眼,要不就是笑得東倒西歪,好像聯合起來對付我。我不知道自己和孩子的關係何時變成如此,也不知道原因何在,就是覺得很不好受。我什麼時候失去了控制孩子的能力?

現代文化中的家庭動力關係愈來愈多元。然而，許多父母依然抱持著一項違反宇宙力量的錯誤觀念。我們認為這項錯誤觀念就是造成家庭混亂、失和的主因。你的最後一句陳述就是活生生的例證：「我什麼時候失去了控制孩子的能力？」

當然，控制他人的行為雖然不無可能（尤其是對剛出生的嬰兒，因為他們還小，還很依賴），但無論是控制他人或受制於人，都不是你當初決定投身到現在這個時空現實的目的。當你處於角度更為宏觀的制高點時，你懂得萬物皆以振動相吸的道理，所以你內心很清楚，不論一個人想創造什麼，只要把意念集中在所求的目標上，保持與其頻率相符，直到它成形為止；不需採取任何控制、操弄的手段，也毋需尋求正當性或費盡力氣，只需對所求的目標投以純粹、全然的關注。

**沒有人想控制你，你也不想控制別人，這樣的生活不是很自在、美好嗎！**

你之所以擁有許多與生俱來的本能，不僅為了求生存，更是為了享受喜悅的人生。誕生到世上的你，是一位力量強大的創造者。你的目的只有一個，那就是在探索人生的旅途中釐清自己真正的願望，然後藉由專注、和諧的意念能量來創造自己的現實。因此，當其他人走入你的生命，又宣稱他們才有權力決定你可以創造什麼、想要什麼、思考什麼或做些什麼的時候，你的內在會湧現一股強烈的負面能量去反抗他們，而這就

是思惟方向轉為逆流的徵兆。

認清宇宙法則的運行之道，了解孩子具有獨立、創造的本質，你就懂得如何在不干涉孩子自我創造的前提下給予教導，也才能被他們接納。孩子跟你一樣，來到世上是為了創造自身的經驗。領悟這一點，你就會了解，為什麼只要有人剝奪這項權利，他們必定加以反抗。對某些人而言，那種感覺有如被人用枕頭罩住口鼻一般，近乎窒息。

有些父母遇到棘手的管教問題時，認為若是孩子愈叛逆，就該管得愈嚴。還有些父母會聽從主張嚴加管教的專家建議，只要孩子一不乖，就對他下最後通牒，而且絕不留情，直到孩子不再繼續反抗、乖乖聽話為止（就像「征服」一匹野馬似地「馴服」孩子，迫使他們順從父母）。我們同意，馴服叛逆的孩子，或許有助於維持家庭的清靜與秩序，但我們絕對不鼓勵各位採用「征服」的手段對待任何人。

教養孩子確實是為人父母者的一大課題，大家一直在努力尋找最適當的教養方式。親子關係是每個人生命經歷中最重要、也最具影響力的基礎。這些振動基礎往往會在早期與父母的互動中奠定，而且多數人終其一生都會背負著這些早期振動。

在各位的文化或大環境中，為人父母者在親子教育上面臨的困境由來已久。要化解親子之間的問題，必須由思惟頻率的角度來看，而非執著於行動（不論你是為人父母或為人子女

者，或者你二者都是）。**造成親子關係破裂最常見的原因是，父母自己正為某事心煩，卻又想藉由言語或行為來主導孩子。換句話說，父母親本身並未與更大的自己頻率一致，在這樣的狀態之下與孩子互動，絕對不會產生正面的結果。**

父母或子女產生問題行為，進而造成親子失和的情況不勝枚舉，但只要體認以下這幾項重要前提，這些問題行為都能輕易化解：

**致為人父母者：**
- 你為子女開啟一扇通往人生旅途的大門。
- 你無法為子女創造他們的經驗。
- 子女擁有力量強大的資源，比你所能給予的教導與智慧更加豐富。
- 你不需為孩子所創造的現實負責。
- 子女內在擁有實現一切所求的資源。
- 子女是具有純粹、正面能量的存在體，背負著遠大的使命來到世上。
- 子女早在父母生下他們之前就已開始運作能量。
- 子女內在具有強大精準的情緒引導系統。
- 你對孩子最大的用處，就是幫助他們維繫和能量本源的連結。
- 你必須先與能量本源相連，否則無法給子女任何幫助。

- 為人父母的責任不是掌控子女。
- 每當子女讓你產生痛苦、負面的情緒，或是親子之間失和、爭吵、甚至出現危機之時，表示你並未與自身的能量本源連結。
- 與內在自己振動頻率一致，並與自身的能量本源連結，比你和孩子之間的關係更加重要──這個才是你要掌控的部分。
- 你對孩子發脾氣的時候，代表你並未與內在自己契合，難受的情緒都是你自己造成的。

### 致為人子女者：

- 父母為你開闢美好的路徑，引領你來到現在這個時空。
- 父母都想為子女好，只是他們無法得知什麼對你最好。
- 你來到世上的目的不是去順從任何人。
- 你是自身經驗的創造者。
- 你就是能量本源的延伸，背負著偉大使命來到世上。
- 你從內心的感受就能判斷自己是否走在生命的正軌上。
- 父母比你早來到世上，所以會努力把自己積累的人生智慧傳授給你。
- 他們學到的經驗對你是有用處的。
- 與能量本源保持連結時，你必定能夠判斷自己的想法或作為是否恰當。

- 父母多少都會試圖掌控子女的行為，但因為只有你才能控制自己，所以毋需反抗。只要讓思惟和更廣闊的理想頻率相符，你就能掌控人生，創造自己的現實。
- 你對父母發脾氣的時候，代表你並未與內在自己契合。難受的情緒都是你自己造成的。

人們往往只會檢視對方的行為，批判其是非對錯，但這麼做無法求得解決之道。為了找到最理想的親子教育法，大家紛紛組成委員會或研究小組來探討這個課題，各方意見更是多得數不清。有關親子教養的方法，不斷在嚴格與放任兩個標準之間來回擺盪。其實，促進親子和諧與有效管教的方法就在你自己身上，不假外求。

時時覺察內心對孩子產生的種種想法，以及這些想法帶來的感受，就是親子教育最好的指引——也是一切人生課題最好的指引。

現在，請從你目前的處境著手：

- 我必須控制我的孩子。
- 我無法控制他們。
- 我的孩子不受控制。
- 不受控制的孩子前途必定一片黑暗。
- 我必須設法控制我的孩子。

這些陳述都使你產生負面情緒（逆流思惟），表示你內在的自己對於為人父母所持的觀點與你截然不同。

- 我若不管教孩子，老師會認為我是個不負責任的家長。

這項陳述也會帶來負面情緒。學校想透過你來控制孩子，但你根本管不動他們，這些想法都和你內在對於親子教養更廣闊的意圖相牴觸。

- 我的孩子不尊重我。
- 他們不尊重我，也不會懂得尊重其他大人。這對他們往後的人生會有負面影響。

你以為自己是因為孩子不尊重你而難過，但事實上，所有的負面情緒都是你與內在自己的觀點不一所致。也就是說，當下你對於親子教養的想法與內在自己的思惟背道而馳。試圖為自己的負面情緒找藉口是很常見的現象，因為你的內在深處知道自己本應感到快樂。你一再告訴自己，孩子不尊重大人這個問題不解決，他們的一生就會毀了，可是你內在的自己並不同意這樣的主張。

我們並未羅列出為人父母者所遭遇的種種困境，然後再去比較各種管教方法的優劣得失，我們只希望能幫助各位從單純

的角度看待親子關係。方法是，做你唯一能控制的一件事——讓自身存在的思惟、振動與能量頻率一致。

請集中注意力，思考這個課題，同時感受與更廣闊的自我和諧一致的感覺。請努力去尋找讓自己感覺更好的順流想法，持續不斷練習，直到你對為人父母的職責、對自己以及對孩子抱持的想法與內在自己或本源一致為止。

・我很不喜歡女兒故意擠眉弄眼地嘲笑我。
・她們會直接在我面前這麼做，完全不顧我的感受。

這是曾經發生過的事，也真的讓你很難受。現在，請你在不要求女兒改正行為的前提之下努力尋找順流的想法，原因是你只能控制自己的想法與感受，無法控制她們的行為（過去的經驗就是最好的證明）：

・她們並不是針對我。只要是大人，她們一概不尊重。

這項陳述並沒有比先前來得正面。你還是很擔心女兒現在不懂得尊重，將來就會出問題。

現在，我們將不再解釋你的感覺為何會好轉或變壞。這麼做只會拖慢你的思惟進展，也很可能會導致你往其他同樣負面的思惟方向走。**你只要繼續選擇思惟，使心情好轉即可。**

當你奮力逆流的時候，我們要提醒你，緊抓著槳不放，與鬆開船槳、讓自己隨順生命之流的感覺天差地別。試著對你的女兒放輕鬆，不要想去控制她們，看看這麼做是否能讓自己感到舒緩：

- 我想得到的方法都試過了。
- 我手邊每一本書也都看了。
- 我從早到晚都在煩惱這個問題。
- 我還是不知道該怎麼辦。
- 我決定放棄了。

這時，請你專心一意地注意自己的感受，細細體會放棄掙扎、把槳丟開所帶來的輕鬆感。同時也要記住，放鬆是多麼重要，這表示你內心的抗拒減輕了。你與女兒互動時所產生的每一分痛苦，都會讓你更清楚自己對親子關係與孩子未來成就的願景，並將此願景投射到頻率暫存區。把槳丟掉以後，你便一步步地朝著這些願景前進。這時，你很輕易就能找到其他正面的想法：

- 我不需要現在就想通所有事。
- 也許代替她們思考人生並不是我的責任。
- 我沒有時間仔細為女兒理出人生的頭緒來。

- 我花太多時間在這件事上了。
- 我還有其他事情要思考。
- 雖然女兒是我生命中很重要的一部分，但我也有自己的人生要過。
- 暫時不去煩惱女兒的事，感覺真好。
- 女兒應該也很希望我這麼做。

你的心情輕鬆多了。從目前的振動狀態來看，你甚至會為自己最近的負面情緒感到有些不解。當你說到女兒或許也希望你不要去管她們的事時，其實是帶有那麼一點自我解嘲的意味。

- 我突然不罵人，搞不好她們反而會不知道該怎麼辦！
- 看她們從擠眉弄眼變成吃驚的樣子，應該挺有趣的。
- 既然我不論使出什麼招數都沒有用，如果我不管她們，再怎麼樣情況都不會變壞。
- 我喜歡我內在的自己總是從關愛的角度看待女兒。
- 我很熟悉這些美好的感覺。
- 視女兒為完美個體，對其未來充滿信心與歡喜的感覺，我依然記得。
- 我很想找回這些感覺。
- 不知道現在幾點了……，她們應該很快就會回來。

- 我很期待看到她們。
- 我們的互動一定會很有趣。

　　我們當然無法保證,在這麼短的練習過程中,你就能完全甩開對女兒的一切煩惱,但至少你已經能夠與自己的本源相連。只要你下定決心,往後遇到任何困境都會努力透過正面思考紓解情緒,你和女兒之間關係一定會慢慢好轉。

　　女兒一旦發覺到,你不僅任由她們創造自己的現實,甚至鼓勵她們這麼做,就不會再那麼叛逆了。這就好比你把罩在她們臉上的枕頭突然拿開,她們自然會停止掙扎。這時,你們都會回到各自的小船上,繼續完成美好、愉悅的人生旅程。

## 18 我的創意遭人剽竊

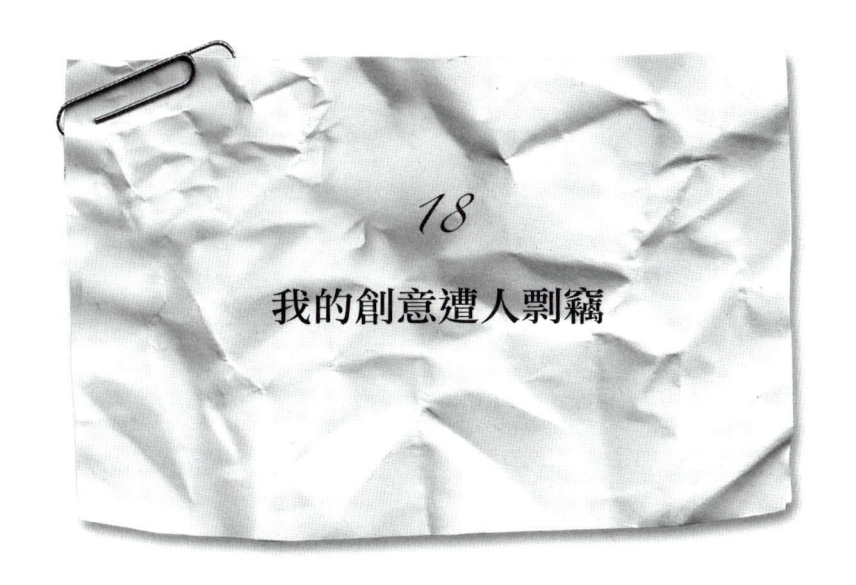

我當自由作家已有兩年的時間。開始創作以來,我陸續投稿到各家出版社,漸漸打出知名度。現在,我的稿約與收入都很穩定,已經可以依靠創作維持家計。

最近,我收到朋友和同事寄來別人撰寫的文章,細讀之後發現裡面有某些部分明顯抄襲我的創作。他們會改變用詞,企圖掩飾剽竊的罪行,但很明顯都是竊取我的創意,再加以重述而已。

首先,一想到自己花了這麼多心血、時間在創作上,我就氣憤不已。再者,這很顯然是剽竊行為。我真不知道,他們做這樣的事怎麼不會良心不安。我絕對不會到處去搜尋別人的創意,然後抄襲謀利。這些人還有自尊心嗎?

最令我受不了的是,他們把我經過深思熟慮的想法跟不合邏輯的概念混淆在一起,導致原本清楚明確的概念變得顛三倒四。他們為什麼不自行發揮創意?

**你**已經花了一段時間收集資料，對於身處的世界自然會有一番獨到的見解，也往往認為自己的價值觀才是正確的。觀察他人的行為時，你必然會與自己的價值觀兩相對照，而得出的結論多半是：「我絕對不會這麼做！」這時，你的內心會湧起一股想去控制他人的衝動，以免他人再做出不恰當的行為。**從古至今，人類不斷反省和審視自身經驗，甚至口誅筆伐，目的都是希望能夠找到一套客觀的標準來定義何謂「合乎道德」的行為與主張。然而，經過這麼多年的爭戰，與前人相比，今日的人類在這個課題上依然未見進展，原因是——行為、思惟或生活根本沒有絕對正確的標準。**

　　人類往往認為，人生的目的即是找尋最適當的生活方式，然後說服（或強迫）所有人遵循。然而，這項觀念恰好違背了你的宏觀自我，也違背了你當初決定投身到這個時空現實的真正意圖。來到地球上以前，你從未想除去錯的，留下對的，迫使宇宙大幅縮減，因為你知道宇宙永恆擴張是必然現象。最重要的是，你深知豐富多元的概念——無論是非對錯——是促使宇宙永恆擴張不可或缺的條件。我們特別提出這一點，是因為我們了解，只要你能夠跳脫出認定己是他非的思考框架，就能獲得極大的益處。

　　不論你的觀點多麼符合普世價值，或多麼具有正當性，一旦對他人的想法心生抗拒，你的內在振動就會不協調，使你無法從自己偏好的觀點受益。這時，你可能會像多數人一樣，怪

罪別人反對你，讓你無法發揚好的觀念。這麼一來，只會陷入永無寧日的爭戰。唯有謹記你是自身經驗的創造者，沒有人需要認同你的假設、意圖或行為，來使你做到你想做的事情，這樣，你才能真正放開心胸，任由大家走各自的路。

你不需與地球上的他人達成任何共識，但你必須和自身存在相互契合。當你達到自我契合，促進全人類與萬物幸福美滿的觀點自然會源源不絕地朝你而來。

**無論他人的意圖多麼不好（從你的觀點來看），千萬不要讓這些行為使你失去內在自己原有的力量、清晰與喜悅。**你大可以浪費一生的時間去評斷他人是非，再將他們的行為分類成「對」、「錯」、「大錯特錯」、「有點差錯」、「錯得離譜」、「相較之下不算大錯」、「幾乎正確」、「相當正確」、「非常正確」、「十分正確」……等依此類推。

當你說：「我絕對不會做出這種事」，其實對判定是非對錯並沒有太大幫助。你選擇不做這些事，是因為你自己本來就不認同。你或許已經意識到自己與更宏觀的、無形的內在自己之間具有連結，所以能夠認清哪些行為符合內在的自己。然而，你無法完全了解別人當下的思惟與他們的宏觀自我的觀點分別為何。因此，不論他人有何作為，你都無法準確地判定該作為是否適宜。當你試圖去評判他人該做什麼，或不該做什麼，就偏離了自己的正途。

而這才是你感到難受的真正原因。問題不在於別人剝竊或

破壞了你的創意，也不是因為他們試圖與你競爭，搶走了你的讀者。當你很在意這些剽竊者的行為，並且為此所苦時，最大的癥結其實在於你並未與內在的自己契合。

「要是抄襲我創意的人願意改正行為，我就會好受一些」——這樣的想法即是最大的陷阱。不論你擁有多少支持群眾，你都無法控制他人的行為，而且試圖控制別人的想法，也與你自身存在的目的及永恆本質相違。

只要體認到你能透過順流思惟紓解負面情緒，就能找到真正通往自由的途徑——不再為控制他人的意圖所囿，全心投入唯一的任務，那就是控制自己的振動頻率。**這項體認最有價值的地方是，不管別人是否懂得或實踐這個道理，你都有所選擇，能隨心所欲地創造自己的現實。這才是你一直以來所欲「掌控」的力量，也是人類從古至今渴望窺知的生命祕密。**

接下來，我們將帶你瀏覽以下的陳述。每項陳述都比前一項更正面，幫助你循序漸進地回到與內在自己契合的狀態：

- 我花了很多年創作和發表我的畢生心血。
- 有人閱讀之後，喜歡我的創作，卻稍微更動文字，然後當成自己的作品來發表。我覺得這是不對的行為。
- 我絕對不會做出這樣的行為。
- 我總是盡全力做到實至名歸。
- 我受了恩惠，就會表達應有的感激。

- 跟這些人好好講道理沒有用。
- 他們的價值觀跟我截然不同。
- 有著作權法可以制止剽竊行為。
- 我可以輕易地證明他們的文章大部分是抄襲我的創作。
- 熟悉我作品的幾十萬讀者一定會支持我。
- 我可以選擇是否要提告。
- 我知道抗拒對我沒有好處,即使我認為他們犯了錯。
- 經驗告訴我,我擁有源源不絕的龐大資源。
- 我並不希望世界只聽到我的聲音。
- 愈多人發表能夠啟發人心的文章愈好。
- 藉由其他人的創作,我也實現了推廣自我主張的夢想——這是我們共享的過程。
- 每個人都必須從既有的立足點開始。如果有我的創作做為基礎,對他人必定很有幫助。
- 他人能夠有所提升,是我最樂見的事。
- 我很高興看到那麼多人都想對社會進步有所貢獻。
- 不論是誰達成夢想,我都充滿喜悅地給予祝福。
- 我絕對不會因為別人功成名就而失去自我價值,反而能夠有所成長。
- 我喜愛這個無限拓展的宇宙。
- 得知自己同樣具有無限拓展的特質,我滿心歡喜。
- 我很高興得知所有人都具備這樣的特質。

## 19
## 母親罹患了阿茲海默症

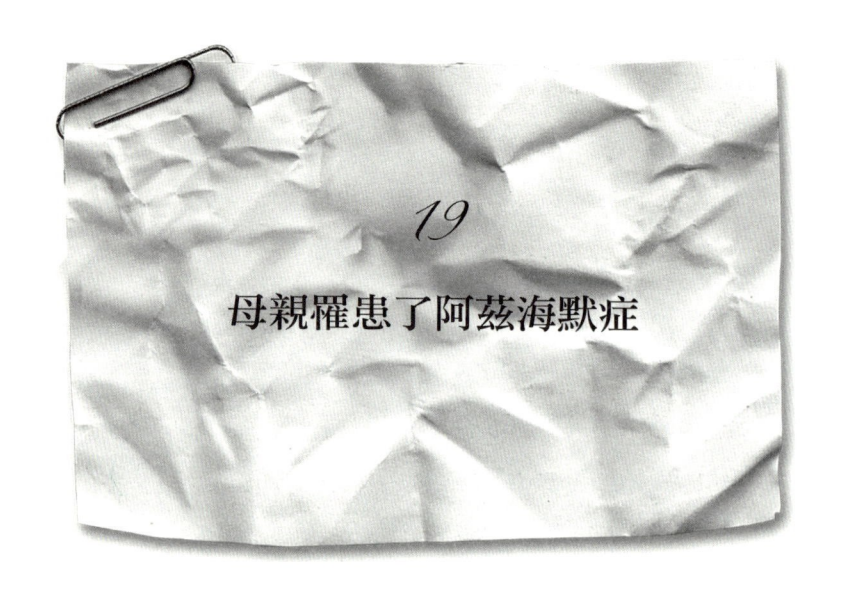

　　我的母親被診斷出患有阿茲海默症。我非常擔心她,不知道她往後的日子怎麼過,也不曉得我們該如何照顧她。醫生說她現在還只是初期,但退化的速度很快,要我們做好心理準備。我實在不知道該怎麼做心理準備。母親一直都是個聰明幹練的女人,也非常健談。看著她漸漸失去心智能力,我想我一定無法承受。

**謹**記以下這個觀念，對你會很有幫助：你在觀察別人的經驗時，你對他人經驗的觀點跟他們對自己經驗的觀點，總是不一樣的。也就是說，當你的母親逐漸喪失心智功能時，她自己或許完全不以為苦，而你卻會因為於心不忍而難受不已。

看到母親的心智漸漸退化，你可能會想盡辦法幫助她改善認知能力。有些家屬會設法透過各種遊戲或刺激的方式，就像鼓勵幼小的孩子學習某項技能一樣，來鼓勵病患努力集中注意力。雖然病患的子女都是出自一片好意，但他們對父母的病情卻有一項很嚴重的誤解：阿茲海默症是父母親所創造出來阻力最小的路徑，好讓自己能夠逐漸離開這個物質界。所以，試圖阻止他們這麼做的行為對他們並無幫助。

你當然希望自己的母親能夠過著意志清醒的愉快人生，但你無法為她創造生命經驗。面對親人罹難重病的痛苦時，大部分的人通常難以調適，也無法歡喜地接受現實。主要原因是，大家都把自己的情緒寄託在親人的病情上，病情有所改善，他們的心情才會好轉。然而，人們多半無力改變現狀，所以永遠無法維持自我平衡。

多數人期盼的是：「情況改善，我的心情就會改善。」可是，你真正需要做的是在任何情況之下都儘量保持平衡，並且與內在自己相連。**所謂「無條件的愛」，即是「無論遭遇什麼處境，我都與我的本源——也就是愛——相契合。」**

助你順流前進：案例 19

你的母親透過罹患阿茲海默症找到了一個方法，讓自己能從無法與內在自己契合的思惟中解脫。在她經歷死亡的當下，她將會與內在自己合而為一。然而，只要懂得覺察自身情緒所隱含的意義，並且有意識地努力尋找更為正面的思惟，不需要透過阿茲海默症或死亡經驗，你就能達到與內在自己合而為一的境界。

現在，請從你目前的處境開始思考，在不奢求母親病情改善的情況下，努力往自我契合的目標邁進：

- 我實在不忍心看到母親逐漸失去生活能力。
- 她一直都那麼聰明幹練，我真的沒有想到她會得這種病。
- 雖然我可以感受到她的沮喪，但情況並沒有更糟。
- 事實上，過去令她憤怒的事，現在似乎不那麼重要了。
- 她現在不像以前那樣經常動怒，而是轉為沮喪。
- 這幾天，我還發現她顯得相當平靜，似乎已然接受現實。
- 感覺她好像放棄了長久以來的掙扎。
- 她對某些事依然保有鮮明的記憶。
- 生病的雖然是她，但愛她的家人顯然都比她難受。
- 我從不奢望母親會長生不老。
- 我也不相信母親能活得比我久。

- 我們很難做好心理準備接受父母親的死亡,而母親的病多少能夠幫助我們做到這一點。
- 最重要的是,這個病也幫助我母親做好面對死亡的準備。
- 從樂觀的角度來看待母親的病,我反而對此心存感激。
- 我漸漸體認到,生命中的任何經歷都有其價值。
- 有時候,看似失序而負面的事件,其實對我們有所助益。
- 我期盼自己謹記,我們永遠受到祝福,一切也自有安排。

## 20
## 我的員工處不好

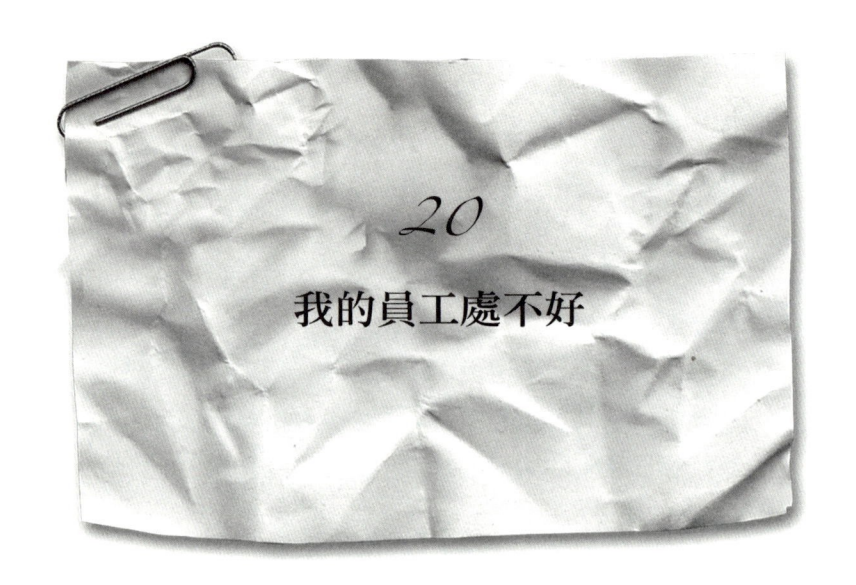

　　我是一家小型企業的老闆，員工大約有二十人。公司持續獲利，也不斷穩定成長。可是，有時候我實在不確定擴大規模到底是不是好事。公司規模愈大，需要的員工愈多，而員工愈多，麻煩也愈多。我寧願公司小一點，比較容易管理。員工之間老是相互排擠，要不就是為了芝麻小事勾心鬥角，我真的受夠了。有時候，我覺得自己一點都不像老闆，倒像個管教小孩的家長或幼稚園老師。我希望他們能夠好好相處、認真工作，不要一天到晚惹事生非。

想到自己的事業、員工、客戶與產品，你會覺得有許多層面必須審慎考量、用心管理和努力掌控。隨著產品線與客戶群一天天擴大，你也需要更多員工來滿足市場需求。在面對經營企業的繁瑣細節時，你很容易忘卻自我創造過程中最重要的關鍵：**一切創造的基礎在於頻率振動。你是透過思惟創造事業，而非行動。**

很多人並不認同這句陳述，因為大家多半相信，眼前所見的成果都靠勞力與行動取得。我們了解，你身在一個行動導向的世界，而且行動確實能夠帶來成果。然而，當你體認到，創造成果的主要力量是頻率振動而非行動，並且開始關注自己的振動、思惟與情緒，你就會懂得如何在最節省時間、精力的情況下，達到最好的成效。簡單來說，掌握這項關鍵，便能事半功倍。

當你專注在問題時，你並沒有與更大的自己相連，而導致情況很快就會陷入膠著。當你把重點放在解決方案上，你便能與更大的自己相連，這時你不僅很快就能找到解決之道，還能享受生命的穩定拓展。

**若當下的你沒有要求進一步的解決方法，你將不會有機會拓展未來。你會投射出願望，必定是眼前遭遇尚待解決的問題。換句話說，你極力想避免的問題，其實是生命拓展不可或缺的動力。**只要領會這個道理，你和員工都能和樂地共享創造過程。

不論結構或產品是什麼，你的事業就是你思惟振動的延伸，因此大部分的創造過程早在實體形成之前就已開始。透過不斷的深思、考量、推想與抉擇，你的事業逐漸成型。在思惟過程中，你很少會產生任何阻礙發展的想法。

　　由於你眼前所見的一切實相皆先有思惟，後有實體，所以早在設立公司、聘請員工和開始生產之前，你就已經在腦中清楚地掌握自己企業的樣貌。在此振動狀態中，你所創造的企業不受任何阻礙，所以可以快速拓展。**在公司的事業起飛之前，絕大多數企業都朝著正面方向努力。然而，等到公司的辦公室、員工與產品一切就緒之後，大部分企業主就開始把焦點轉移至眼前浮現的問題，正向發展的動能因此停滯。很少有企業主能夠維持以尋求解決方法為導向的心態。**

　　只要認清你所謂的問題，其實只是一種希望能從有求必應的宇宙那裡獲得解答的渴求，以及所有的問題與解決過程都是拓展的必經之道，你就能歡喜地順應自然，帶領企業朝著美好的前景發展。

　　當你不把員工之間的紛爭看成沒有必要的勾心鬥角，而是如實地視為創造的契機，你才開始懂得珍惜員工與創意的多元價值。

　　企業成功的關鍵與創造個人幸福的原則相同：**你必須找尋能夠讓自己快樂的想法，而不是要求員工取悅你。不管員工做出什麼樣的行為，你都必須設法保持心情愉悅。**

堅持保有好心情，並且持續扭轉思惟，讓自己凡事樂觀以對，你就能與促進企業永續發展的願望合而為一。這樣一來，宇宙自然會幫助你實現一切所求。當你懂得尊重員工多元的意志、能力與個性，並且專注在你最為欣賞的優點上，宇宙就會帶來更多你所樂見的結果。相反的，倘若你把注意力放在必須改革的缺點上，宇宙就會給你更多你不樂見的結果。

　　沒有什麼比負面思考更快帶來最糟的結果，也沒有什麼比正面思考更快帶來最好的成果。

　　有些企業主會亟力擺脫經營的繁瑣細節，好讓自己專注於公司的整體發展與宏觀願景。這麼做當然也有它的價值。然而，你之所以陷入困境，並不是因為必須耗費心力在這些「繁瑣」的細節上，而是當你成天為此所苦，你的負面思惟就會導致自我無法契合。每次遇到「問題」的時候，如果你能都抱持一切自有答案的心態，答案很快就會出現，而你也能夠享受拓展的成果。換句話說，拖累你的並不是人事問題的繁瑣細節，而是自我能量不協調。

　　如果你能讓自己的能量協調一致，並且與你對企業不斷演進的願望持續保持連結，就會有更多有才能的員工接管組織內部的各項細節，使你能夠全心投入自己最想經營的領域。

　　你所創立的企業和你自己都具有永續拓展的特質。現在，請你從自己的現狀開始思考，努力尋找能夠紓解心情的順流思惟。你現在只是感到些微沮喪，而不是無助或憂鬱，應該比較

助你順流前進：案例 20　197

容易和希望能成功經營一個幸福企業的渴望頻率一致,更重要的是你要與內在的自己頻率一致。

- 我不想再去調解員工之間的紛爭。
- 這些人雖然已經離開高中時代一段時間,但是他們彼此看不順眼的心態還跟當年一樣。
- 我還有很多更重要的事要思考。
- 員工對我來說很重要。
- 員工的快樂對我來說也很重要。
- 我一直都想為員工打造良好的工作環境。
- 他們大半輩子都奉獻給公司。
- 員工會想要有個舒適的工作環境,是很合理的。
- 面對不愉快的情況時會立刻反彈,也是很正常的。
- 人生就是不斷拓展,而他們現在正是如此。
- 了解自己不想要什麼,他們就會更清楚自己想要什麼。
- 員工自己或許並不像我這麼煩惱。
- 他們該做的工作都有做好。
- 員工的快樂並不是我的責任。
- 我的不快樂都是自己的負面思惟引起的。
- 我不該要求員工改變行為,來讓自己好過一點。
- 這些員工都有許多長處。
- 當我把焦點放在他們的優點上,惱人的問題就消失了。

・我希望他們也能學會藉由扭轉思惟使煩惱消失。
・我很樂於提供一個促進發展與共榮的工作環境。
・我喜愛我的員工。

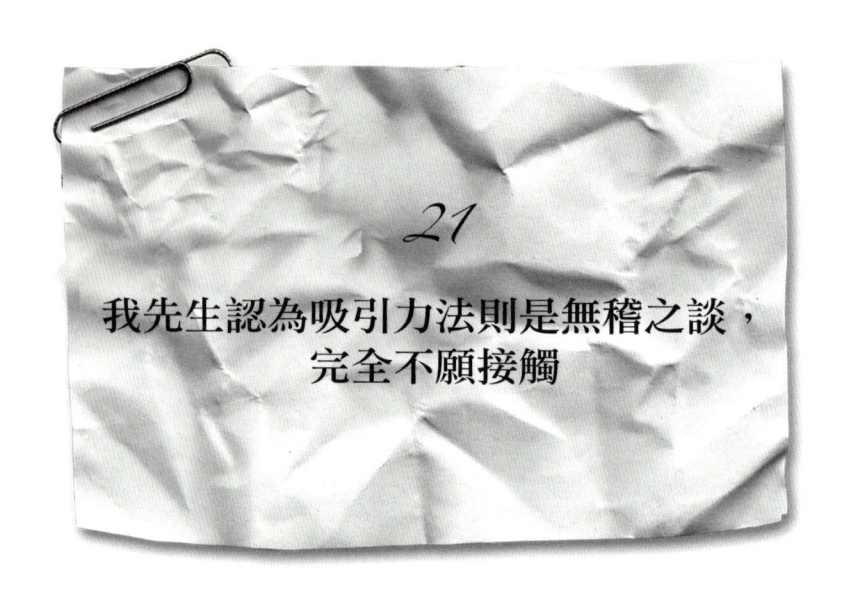

## 21
## 我先生認為吸引力法則是無稽之談，完全不願接觸

　　我最近正在閱讀吸引力法則，覺得非常受用。因此，我開始嘗試把意念專注在自己的思惟與言語上，並且採行書中提及的思惟練習來改善人生。可是，我先生對這套理論完全嗤之以鼻。只要發現我刻意實踐某項練習，他就會很憤怒。我愈了解吸引力法則的運作，先生的負面言論愈令我不快。

　　我希望他也能試著了解吸引力法則，如果能夠一起努力，我們的生活一定大有改善。可是，他一點都不願意嘗試。這樣的話，他的負面思惟豈不是會阻礙我的正面思考嗎？

**別**人的思惟對你的創造過程沒有任何影響——除非你心裡掛念著他人的想法。當你在意先生的想法，他的想法就變成你的想法，而你的創造過程也會連帶受到影響。

　　在你的生活與他人密不可分的時候，你往往會認為你們凡事都要有共識，也要「齊心協力」地共創人生。然而，你其實不需要他人的「助力」，因為生命之流已經蘊含了創造萬物所需的一切動力。不過，當你心生抵抗，便無法實現一切願望。

　　你覺得自己受到他人阻撓時，實際上是自我抗拒的結果。比方說，你非常想搬家，但先生卻堅持不搬。這時如果你能夠全心全意地想著新家，使日常思惟的振動頻率與搬新家的願望相符，在沒有任何阻力的情況下，一切自然會心想事成。

　　相反的，如果你很在意先生反對搬家的事，一直找理由解釋為什麼自己想搬家，並且因為先生沒有意願而感到不快，你的思惟頻率就會與願望不符。一直想著先生反對搬家的問題，等於是在自身振動中加進一股抗拒的負面能量，導致你和想要的結果漸行漸遠。因此，你以為是先生阻礙了你，但其實問題出在自己的思惟。

　　有人會說：「可是，如果先生同意我的看法，我就不會產生這些矛盾的想法了。」一切順心如意的時候，你當然感覺很好。先生認同你時，你也比較容易達成願望。然而，一心認為唯有身邊的人配合，才能順利如願，你就會迫使自己陷入絕境。每個人都有出於一己之私的考量與所求，所以身邊的人多

半不會配合你的腳步。

你不需要他人認同也能創造一切所求。認清這一點，你才會真正感受到自由。當你不再將他人的負面思惟納入自己的振動之中，你的影響力就會大幅提升。

你先生與你同住在一個屋簷下，他也會發現一些需要改善的地方。他跟你一樣，一旦自己缺乏空間，就會投射出想要更多空間的願望。我們希望你了解，事實上，你先生同樣在他自己的頻率暫存區中打造了一個更大、更好的房子。只不過他選擇訴諸理性思考，然後判定現在買新房可能會造成財務吃緊，還得花很多時間找房子和搬家。換句話說，雖然他跟你一樣懷有許多夢想，但心裡的「實際」考量卻與夢想自相矛盾。你的夢想和先生的夢想，同樣在驅動著滔滔不絕的生命之流。不論你先生是否自知，他一直在與你共同打造新家的願景。

當你們夫妻倆一同在你的頻率暫存區創造了一間美好的新家，而你也不再以先生的實際考量為藉口，違背自己的願望（也就是與搬新家的夢想頻率相符合），這個夢想一定會實現。它會在最佳時機來到你的生命裡，而你先生也會樂於接納。

沒有人能剝奪你任何所求，只要領會這個道理，同時不再心生抗拒，你就能如願以償。有你做為典範，先生就會漸漸明瞭，宇宙法則並非無稽之談，而是極具威力、永續存在的力量，不僅容易理解和實行，甚至饒富趣味。

你必須了解的是，雖然另一半現在的人生觀與你相左，但生命的運行道理並無二致。請放鬆地讓他去想、去做和去期待。這麼做的話，你就不會受他左右。相反的，如果你試圖去「改造」他，很可能會讓自己的意念專注在你不想要的情況上，並將它納入振動中，進而阻礙自身的創造。漸漸的，你就會開始怨恨先生妨礙你實現夢想。

**你生命中的他人——朋友、陌生人或甚至是敵人——都會對你的創造過程有所貢獻。不過，決定讓他們成為阻力或是助力的關鍵在於你自己，一切端視你是以逆流、抗拒的心態，還是以順流、接納的心態看待他們。**

現在，請從現狀著手，開始尋找更為正面、順流的思惟：

- 如果我先生能夠採取更正面的態度，我們的生活一定會大幅改善。
- 這些思惟練習對我來說十分受用，但他完全不願意去試著接觸。
- 要是他願意嘗試，我相信他也會受用無窮。
- 要是他願意嘗試，我相信我也會因此受益。
- 像先生這麼親密的人也無法影響我。
- 我們並非事事意見相左。
- 意見相同是很好，但這並非我實現所求的必要前提。

- 我曾有心想事成的經驗。
- 在沒有他人協助的情況下,這些美好的事物也會自然來到我的生命裡。
- 我有能力隨心所欲地創造一切。
- 我要求先生同意我的看法,對他來說並不公平。
- 只要專注在我的願望上,我就不會再抗拒他。
- 我們抱持著不同的人生觀,其實是很好的互補。
- 得到宇宙的回應是非常令人滿足的。
- 假以時日,只要他願意,我們可以共創未來。
- 現在,我將靜靜的、歡喜地創造自己所求的一切。
- 我很期待他能夠歡喜的發覺這些思惟練習的益處。
- 我很愛我的先生。

## 22

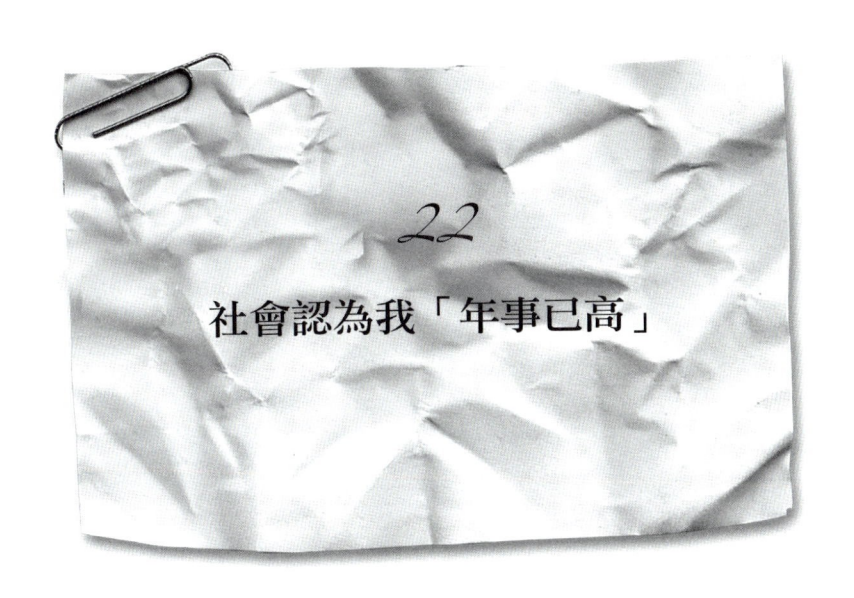

## 社會認為我「年事已高」

　　我現在七十來歲,很多年輕時候辦得到的事,現在都做不到了,但事實上,我自己並不覺得有什麼變化。我的外表當然老了,可是心態沒有跟著改變。

　　最近,我發現很多人都會特別提到「年紀」或「老年」的問題。電視上的喜劇演員更是肆無忌憚地拿「老人」的毛病開玩笑。說實話,我慢慢會在意起這些事了。我相信自己未來還有好一段快樂、充實的日子要過,現在卻開始為自己的年紀感到悲哀,甚至覺得沮喪。

聽到永恆的存在體悲嘆人生苦短，實在是很有趣的事。不過，我們當然知道，你無法跟我們一樣從完整、宏觀的角度來看自己。人類對於自己生命的認知，多半都從進入軀體到離開軀體為止。人活得愈久，愈靠近離開的日子，也會愈感到不安。要是他們知道，離開軀體不過是另一段旅程的開始，必定會滿心喜悅地迎接永恆的生命之旅，而不會產生一絲不安。

我們可以不厭其煩地告訴你，你是個永恆的存在體，但你依然只會相信自己眼前所見的一切。你全心全意專注於現在這個物質界，甚至稱它為「真實人生」，似乎也是在暗指包括我們在內的無形界都是虛幻的。

只要努力實行順流／逆流的思惟練習，並且自主地尋找能夠帶來正面感受的思惟，最後必定能夠促使物質界的自我與無形界的宏觀自我振動頻率相符。達到這個境界，你便與永恆、宏觀的自我合而為一。這時，物質界與無形界之間的疆界也將變得模糊而不具意義。當你喜悅地專注於現在的時空現實，同時允許自己與廣闊的自我完全相通，一同探索充滿愉悅的生命經驗，所有的匱乏感將隨即消失，取而代之的是永恆的內在自己。當下的生命經驗是那麼美好、那麼吸引人，讓你完全無心、也無暇眷戀過去，或者感嘆未來苦短。這時，你會開始體認到自己即是永恆存在的生命。

你不知道自己到底有多「老」，但你能察覺自己的感受，

而這也是你唯一能掌控的部分。碰到年紀問題，最大的好處就是你完全無能為力，也無法改變事實。你不能要求別人調整行為，或設法讓時光倒流。可是，你卻可以努力與宏觀的自我契合，以開闊的觀點來看待自己的年齡。做到這一點，你不僅會豁然開朗，往後的人生經驗也將美妙無比。

現在，請從自身的處境開始思考，然後循序漸進地找尋能夠帶來正面感受的思惟：

- 我討厭那些喜劇演員老愛取笑老人。
- 喜劇演員很不尊重長者。
- 他們口無遮攔，根本不管會不會傷到他人。
- 想到他們也會變老，我的心情好多了。
- 他們當然會老，除非還沒變老之前就先被卡車撞死。
- 這麼想，我也覺得好過多了（開玩笑啦）。
- 我其實不想詛咒他們。
- 我希望他們能夠體諒我們的心情。
- 我不喜歡看到有人受傷害。
- 但人們總是會因為各種理由受到傷害。
- 人們有時候甚至會沒來由地覺得受傷。
- 想要掌控世界來避免任何人受到傷害，是不可能的事。
- 我不需要他人改變行為來紓解情緒。
- 我可以自我安慰。

- 我想保護他人,讓他們不受傷害。
- 不過,我發現他人的感受是他們自己的責任。
- 喜劇演員就是有本事觸到大家的痛處。
- 我漸漸發現,在改善頻率振動之前,我動不動就會覺得被冒犯。
- 我想,我應該學會一笑置之,不要這麼敏感。

## 23
## 我女兒說謊成性

　　我女兒經常在我面前睜眼說瞎話,真的讓我又好氣又好笑。她什麼事都說謊,連微不足道的小事也不例外。我一直都相信誠實為上,也從來不在孩子面前做壞榜樣。為什麼她要這麼做?真的很令人生氣。

每個來到世上的人，都知道自己是個充滿力量的創造者，但是從誕生那一刻起，你就必須面對一個具有重重規範的環境。幼小的時候，你對自己的本來面目感覺比較強烈。隨著身邊的人開始將他們的喜好、觀念與要求加在你身上之後，你慢慢感到自己的能量逐漸分散。你通常會迎合眾人的期盼，循序漸進地融入整個社會，但有些自我意識比較強的存在體（你的女兒即是其一）就會開始反叛。

剛開始的反叛通常沒有針對特定對象，而且孩子本身甚至不自知。受到他人影響而導致自我能量分散時，他們只會感覺到強烈的負面情緒。這時，他們就像所有快樂不起來的人一樣，會習慣將自己的不愉快歸咎於當下互動的對象。父母往往是最常試著影響孩子的人，所以孩子會把自我失調所造成的負面情緒怪罪在父母頭上，也是無可厚非。有時候，說謊只是負面情緒的症狀之一，主要的原因在於，孩子察覺到自己陷入了無法取悅所有人的困境。

大家多半認為孩子很容易受大人影響，也會順從大人的要求，只要乖乖聽話就是好孩子。所以，擁有獨立意志又拒絕順從的孩子經常會被貼上任性、叛逆的標籤。當生命經歷促使他們將超越現狀的願望投射到頻率暫存區（並且不斷受到召喚），而身邊的人又試圖阻止他們迎向願望時，問題就產生了。親子關係會開始緊繃，多半都是因為父母不願意放鬆，讓孩子去過他們的生活。父母當然都是出於一片好意，希望能將

自己所學的精華傳授給孩子,但每個來到世上的個體皆有其獨特的使命與藍圖。

訂定各種規則,並且小心地監督孩子是否確實遵守,實際上是在傷害孩子的本性。你並沒有允許孩子自行選擇想要的人生,而且通常你也會投射出不信任的心態。只要孩子察覺到一絲不被信任的感覺,不論你用什麼方式管教都沒有用,因為這違反了他們對內在自己的了解。這麼一來,孩子只會更排斥與你相處,也愈想遠離你的管教。

當你將嚴格的規定強加於孩子或任何人身上,無意中即是創造了一個助長說謊的絕佳環境。孩子一旦發現,遵守規則得賞、違反規則受罰,他們就會把獲得獎賞當成唯一目標,並且不擇手段地達到目標。這時,他們便學會以說謊的方式來取悅你。

與內在自己失去連結所造成的空虛,唯有與其重新契合才能填補。一旦你發現與本源連結是何等美妙的經驗,就能鼓勵孩子加以倣效。在孩子面前展現頭腦清晰、自在與整體存在的圓滿,即是最好的身教,能夠促使他們學習與自身的情緒引導系統相連。幫助孩子領悟這個道理,比要求他們遵守規則來得更有價值。

你的現狀十分有趣。你的女兒由於某些因素,未與本源相連,因而產生負面情緒。你在女兒身上觀察到你不想看到的行為,導致你無法與本源相連,因此也產生負面情緒。於是,你

和女兒開始相互責怪對方，形成惡性循環。

面對女兒的時候，只要努力尋找順流思惟（即便現實狀況令你不容易做到這點），卸下心中的抗拒，與內在自己合而為一，你就會漸漸懂得從開闊的視野來看待她。我們可以保證，達到這個境界，女兒也會受你啟發，進而與自我契合。

與內在自己契合時，你只會看到女兒最好的那一面。同樣的，女兒與內在的自己契合時，自然沒有理由要對你說謊。

父母能夠給予孩子最好的禮物，就是以身作則、引導他們達到自我契合。當你持之以恆地尋找順流思惟，進而與內在的自己相連，就會成為孩子的好榜樣，幫助他們與宏觀的自我契合。如此一來，這份確保生命欣欣向榮的寶貴禮物才能世代傳承下去。

現在，請從你目前與女兒的關係開始思考，然後努力尋求能夠紓解情緒的思惟：

- 女兒老愛在我面前說謊，其實誠實才是上策。
- 我實在搞不懂她為什麼要說謊。
- 說謊的人往往會自打嘴巴。
- 我不希望女兒養成壞習慣。
- 我發現每個人都有自己的價值觀。
- 雖然不知道女兒為何要說謊，但我可以理解她一定有自己的想法。

- 我希望她能信任我,把真相告訴我。
- 如果我是在自我契合的狀態下與女兒互動,或許她會更加信任我。
- 過去發生的事已無法彌補,但現在我可以努力給女兒多一點自由。
- 我知道,有時候女兒說謊是想多獲得一些肯定。
- 我也知道,只要她說謊,就代表她並沒有與內在的自己契合。
- 我應該努力鼓勵女兒與內在自己頻率一致,而不是因為她不在這樣的狀態中而處罰她。
- 我知道,女兒說謊就是自我無法契合的表現,而這才是我要安撫的部分。
- 我擔心的並不是說謊的行為本身,而是說謊背後的理由。
- 我並不想阻止她說謊,而是希望能幫助她與本源相連。
- 我的乖女兒過去經常處於和本源相連的狀態。
- 她小的時候一直是我的靈感泉源。
- 現在我有能力可以回報她。

## 24 我總是與升職無緣

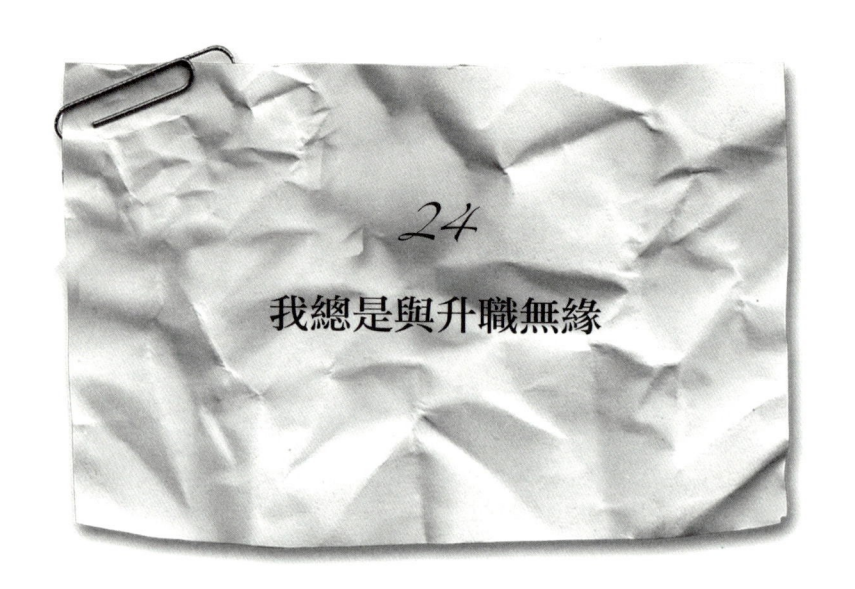

　　我在公司待了很多年,可能沒有一位員工像我一樣對公司這麼瞭若指掌。事實上,我相信自己搞不好還比老闆更了解公司!我的工作性質很多元,我相當樂在其中。不過,我也常常覺得,好像大家都不願意做的工作才會丟給我。由於我是資深員工,所以基本上任何工作我都能勝任。

　　上週,有位年資不及我一半的員工升上了店長。我一直以為升職的人會是我,而且我也比他夠格,實在想不通為什麼公司不升我。這讓我很想辭職。

每項人生課題都涉及兩個面向：一是你想獲得什麼；二是你得不到想要的東西。你現在所在意的是後者，也就是與升職無緣這件事。大部分人會說：「你說的沒錯，但我是因為不受重用才開始在意這件事。」然而，你得到的結果，永遠會與你當下的思惟和感受相呼應。你愈覺得自己不被賞識，愈不會受人賞識。多數人可能會反駁說：「如果有人肯定我，我當然會覺得受到肯定。」我們希望你了解，你必須先感覺自己受到肯定，才能吸引上司的肯定。你的振動就是產生吸引力的關鍵，而你能夠藉由控制思惟方向來掌控自己的振動。

這時，你不需要去回想感到不受重用的那一刻，因為這只會強化負面情緒的振動頻率，反而使自己更加難受。你可以從當下的處境著手，努力尋找可以紓解情緒的正面思惟。

各行各業的人都會抱怨別人搶了功勞，而自己沒有得到應得的待遇。可是我們希望你了解，這世上每一件事都是公平的。你發出什麼樣的振動，吸引力法則一律會以頻率相符的事物回應，其威力強大、一致而且公正。你對現狀不滿時，只要釐清自己真正的願望，然後專注於其上，直到能夠自然而然產生正面思惟為止——最後你必定能夠如願以償。

再者，就算你得不到想要的東西，而是看著別人獲得獎賞，對你而言同樣也有好處。因為你的頻率暫存區會因此擴大，並且發出更為強烈、明確的振動，所以更容易匯集強大的宇宙力量。然而，當你抱持怨懟的態度時，你就是處於逆流的

方向,但你所求的美好境界卻是位於順流的方向,所以,你愈「想要得到」,感覺就會愈差。

我們希望你能體認到,你永遠不會失敗,因為生命的每一刻都會促使你的願望不斷演變,而宇宙力量也永遠會幫助你達成這些願望。只有你自己能成為自己的絆腳石。不過你也不用擔心,因為你的負面、逆流情緒,會幫助你明白自己正在阻礙自己實現願望。

你可以用一個有趣的觀點來看待自己目前的處境:當你因為別人獲得升遷而憤憤不平時,你應該要為自己感到高興。因為你所感覺到的強烈情緒,代表你內在對於理想工作環境的渴望正在發出強烈的振動。

這時,你應該感到高興。高興自己意識到憤怒與受傷的情緒,這表示你的情緒引導系統正在運作。

你應該高興自己釐清了心裡難受的真正原因。在這一切發生之前,你的頻率暫存區早已擴大,也變得更加美好。

你應該高興只要自己願意,就能拋開船槳,順著生命之流前進,甚至升到更高、更好的職位。

你應該高興自己未來能夠步步高升,擁有無限美好的前途。

你應該高興只要仔細察覺自身感受,並且持之以恆地尋找能夠紓解情緒的順流思惟,未來必定會有數不盡的大好機會等著你。

當你全心專注於自己的願望,同時在自我契合的狀態之下保持心情愉悅,就能將自己的工作資歷以振動頻率的形式發散出去,屆時,機會將無所不在。訓練自己時常保有成功的心態,就會吸引成功人士靠近。相反的,時常懷著沮喪的情緒,他們便無法察覺你的存在。即使你就在這些人身邊,倘若你並未與他們所尋求的成功頻率相應,他們無論如何都看不到你。

眼光短淺的上司確實有可能忽略了你的才能,而選擇提拔別人,但全知的宇宙看得一清二楚,所以你的能力是不會被埋沒的。你的價值絕對會等到最佳的時機發揮出來。

不要被一點小挫折打敗,使自己違逆了通往一切所求的生命之流。你要做的,就是好好運用當下的轉機,努力尋求正面思惟,然後做足準備,好在永續拓展的人生旅途中迎接各種意想不到的升遷機會。

現在,請從你的現狀著手,試著去尋找更為正面、順流的想法。

- 不論我累積了多少年資,為公司貢獻多少心力,我依然不受重視。
- 我永遠沒有升職的機會了,因為我已經盡了一切努力,卻怎麼也得不到上司的賞識。
- 這背後一定有不公平的因素,我不得而知。

你會產生這些想法與感受無可厚非,但這些都是令你無力的逆流思惟,請再繼續努力:

- 那個職位應該是我的。
- 我想上司應該知道我比較符合資格,那他為什麼要做出這麼不公平的決策呢?
- 我乾脆辭職算了。我倒想看看那個傢伙沒有我要怎麼管理一家店。
- 屆時,大家都會知道誰才是公司不可或缺的棟樑。

這就是復仇的快感!你依然處於極度負面的狀態,但跟之前的無力感相比,已經有所進展。繼續努力:

- 我知道認真工作的員工不只我一個。
- 很多人都得不到應得的肯定與獎賞。
- 我不希望看到公司倒閉,造成很多人失業。
- 我也不想辭職,讓家人和自己受苦。
- 希望升上這個職位的人大概不只我一個。
- 我或許也不是唯一一個覺得自己有資格獲得這個職位的人。
- 我可以振作起來,把這次當成學習的轉機。
- 我會好好觀察獲得升遷的人,看他具備哪些脫穎而出的

特質。
- 我願意不斷學習和拓展自己。
- 也許這次的升遷不見得最適合我。
- 未來可能還有更好的機會等著我。
- 認真思考之後,我發現自己可能還沒有準備好肩負起更高職位的責任。
- 我很高興這次的事件可以幫助我好好思考。
- 思考過程中,我充滿了活力。
- 我可以感覺到自己的認知與視野都拓展了。
- 人生有此發展,我並不會感到不快。
- 事實上,我很滿意現狀。
- 我也很期待未來的發展。

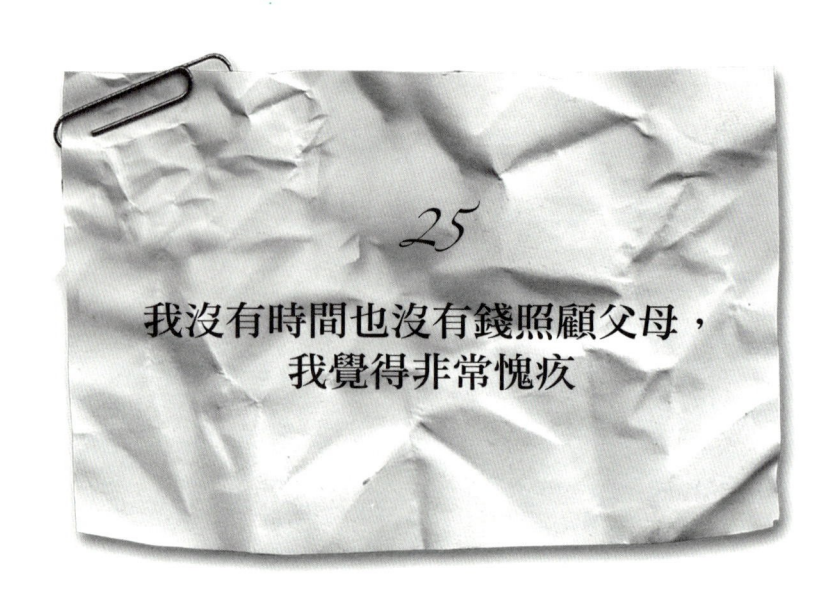

## 25
## 我沒有時間也沒有錢照顧父母，我覺得非常愧疚

　　我的雙親都生病了，無法照顧自己。我現在住的地方離他們好幾公里遠，還有一份全職工作，沒有辦法親自照料他們。醫生建議我把父母送去安養機構。他們勤奮工作了大半輩子，卻沒有留下半點積蓄，也沒有太多資產可以變現。仔細訪查後，我發現自己負擔不起最適合父母居住的安養院，但其他地方又不是那麼理想。我現在非常苦惱。

碰到擔心孩子的父母，我們總是會說，擔心是幫不了孩子的，而遇到擔心父母的孩子，我們同樣還是那句老話：光是擔憂沒有用，反而代表你與解決之道漸行漸遠。

每當你遭遇自己不樂見的情況，像是看到摯愛的親人健康狀況惡化，你就會產生強烈的渴望，並且投射到自己的頻率暫存區內。因此，即使你不自知，你和父母的互動過程中——特別是開始擔心他們的那幾年，你的頻率暫存區也持續不斷地為他們擴大。

然而，當你處於極度擔憂的狀態，即是與心中對父母懷抱的願望相違，導致你遍尋不著解決之道。相反的，當你學會忽略心裡的擔憂，並且持之以恆地將思惟扭轉為順流，問題自然會迎刃而解，答案也終究會浮現。

憑你一己之力，解決不了老人健康照護的問題，而這也不是你的工作。你唯一的任務是與自身的願望合而為一，特別是對父母所抱持的種種願望。此時，你內心湧現的情緒就能幫助你辨別自己的思惟是否朝向順流。一開始，即使情況沒有明顯的改善，你或許依然能夠懷著樂觀、正面的態度。然而，對於自己十分看重的問題，如果沒有見到成果，你可能很難繼續維持順流思惟。一旦你開始見識到自我契合發揮的成效，勢必會帶來更多正面影響。

你認為自己現在正面臨一項危機，而且覺得不知所措又左右為難。當你心裡一直掛念著這個問題，想來想去都沒有一個

選擇令你滿意,不安的情緒會更加強烈。在這樣的處境與心境下,你絕對找不到解決方法。換句話說,內心飽受痛苦時,問題永遠無法解決。你必須先設法安撫自己的情緒。

你可能會反駁說,要是父母的健康狀況有起色,他們自己能夠負擔安養院的費用,還是附近正好有免費的安養照顧,或是你請得起看護來照料他們,你的情緒就會平靜下來……。可是,這些理想情況並不存在,而你也無力改變現狀。多數人在面對自己無力掌控的困境時只是一味地擔憂,但擔憂永遠解決不了問題。

你現在唯一的選擇就是想辦法讓心情好轉。剛開始,你可能不了解這項工作有多麼重要。可是,只要你有辦法扭轉情緒,即便現狀沒有改善,你的振動也會跟著轉變。如此一來,你會更加接近自己對父母所抱持的願望。與自己的願望合而為一時,機會之門將為你開啟,解決的途徑也自然會出現在你眼前。屆時,你就會知道自己該往哪一條路走。

不論遭遇什麼困境,解決之道永遠唾手可得。然而,只要處於擔心、指責與憂慮的情緒中(我們還可以羅列出一長串負面情緒),你無論如何都找不到出口。

因此,請先努力改善自己的情緒。請記住,當下的目標並不是解決問題,而是要設法紓解情緒。事實上,在自我能量不協調的情況下執意去尋找解決方法,十之八九都會迫使自己轉向逆流。安撫情緒才是你的首要目標:

- 我非常擔心父母。
- 我不知道他們之後會出什麼狀況。
- 我真希望他們過去懂得好好照顧自己。
- 我真希望他們以前有好好規畫自己的財務狀況。

這些陳述忠實的反映出你的現狀。現在,請開始尋找能夠帶來安慰的想法:

- 我不需要今天就得做出決定。
- 問題一直都存在,但我有很多時間可以去解決。
- 我知道,現在只是一時想不到好方法,之後一定會想到的。
- 找到方法之前,總覺得問題解決不了。一旦找到解決之道,我就會發現之前的擔憂都是沒有必要的。

現在,你的感覺好多了。即使在這麼短的時間之內尋找安慰,想法依然源源不絕的湧現。這時,我們希望你暫時壓抑住想要立刻採取行動的衝動,因為你的情緒愈正面,採取的行動愈合宜,也才會獲得更為正面的結果。

- 一定有很多人跟我面臨相同的處境。
- 我相信很多人都身處同樣的情境。

- 這表示很多人正在尋求解決之道。
- 有人要求,宇宙必然予以回應,所以我相信身邊有許多解決之道正等著我們去發掘。
- 只要順應生命之流,必定會找到符合自身狀況的解決方法。
- 一旦找到解決之道,必定會帶來莫大的快樂。
- 當我懂得藉由調合自身能量來迎接美好的解決之道,或許整體社會文化也會隨之改變,進而開拓更多解決方法。
- 不論他人是否懂得順應之道,我都不會受到影響。
- 我很期待能夠輕鬆地想到許多好想法,給父母更好的照顧。

當你體認到,自己現在唯一的任務就是去實踐這項思惟練習,你就踏上正途了。這不僅是你唯一要做的工作,也是你唯一能做的工作,而這就已足夠。只要轉化情緒,你內心的抗拒也隨之消失。不再抗拒之後,康莊大道自然會在你眼前開展,引領你一步步前往自己所期待的結果。

## 26
## 塞車浪費我的生命

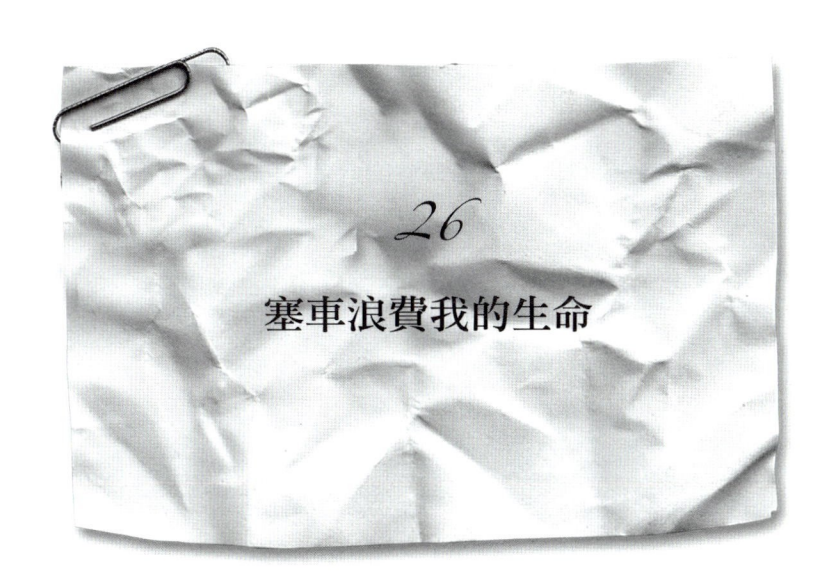

　　我住在一個人口有好幾百萬的大城市，交通是許多人的夢魘。我每天從家裡到公司，來回要各花上一小時的通勤時間，而這還是交通順暢的時候。偶爾碰上道路施工或車禍意外，就會塞在車陣裡好幾個小時。

　　我應該要搬到離公司近一點的地方去住，可是還有很多其他因素要考量。要找到一間家人和自己都滿意的房子，還要離公司夠近，並不是容易的事。維持現狀的話，我又覺得塞車真的很浪費生命。

不論你想要什麼,讓你無法順利獲得,或甚至永遠無法實現所求的最大障礙,就是執著於現狀與夢想實現之間的距離。

很多人會說:「我想到達某個境界,可是我的現狀就是如此。」現狀最容易觀察到,所以大家發出的振動多半都以現實為依據。你可能會想:沒錯,我現在的處境是如此,我希望能提升到另一個境界,但我沒有能力直接轉到另一個境界。我們希望你體認到,不論你是想恢復健康、瘦身、致富還是想脫離交通壅塞,實現一切夢想背後的動力永遠不變。當你想要什麼,你相信擁有它就會讓你快樂;但如果你現在因為缺乏什麼而感到不快,你就會與真正的夢想漸行漸遠⋯⋯。**不論面臨什麼處境,你都必須保持好心情,否則情況永遠無法改善。也就是說,你必須先與現狀和平相處,才能往想要的境界邁進。**

人們通常會擔心,與現狀和平相處等於向它低頭或接受它,這樣一來,令人痛苦的問題只會繼續存在。然而,實際情況並非如此。懂得與現狀妥協,你的感覺就能夠好轉,並且使思惟轉向順流,一步步靠近自己的夢想。一旦開始痛苦掙扎、發牢騷或是抱怨連連,你就會轉為逆流,一步步遠離夢想。

你愈抱怨塞車問題,愈不可能改善現狀。有人可能會說,交通狀況就是這樣,所以我無法控制塞車時的感覺。我們要強調的是,任何會影響你的事物,你都能夠掌控。然而,當你內心感到匱乏,便無法造成正向的改變。**處於負面情緒下所採取**

的任何行動都不會有正面的成效。

即使現狀沒有改變，只要你能脫離負面情緒，轉而以正面的心態接受現實，不消多久，外在的情況一定會有所改善。要是你繼續在意當下的困境，沒有努力從正面的角度看待它，不僅情況不會改善，吸引力法則還會帶來更多同樣負面的情況，呼應你的負面振動。你必須學會從不同的視角來觀察眼前的處境，事情才會出現轉機。很多人都會說：「多給我一點錢，我就會覺得更加富足。」我們的觀點是：「你必須先感到富足，錢財才會滾滾而來。」

自主創造的關鍵是，選擇自己想要的感覺，然後設法讓自己在當下產生這樣的感覺。只要做到這一點，周遭的一切都將順應你所發出的全新振動——強大的吸引力法則將會全力配合，並且予以準確的回應。

從現狀提升到理想境界的途徑永遠存在。然而，當你處於負面情緒之中，便無法察覺到它。隨時保持正面的情緒，你會更懂得掌握時機，新的想法也會湧現，導致交通壅塞的施工自然會移除，你渴望取得的企畫案會成為囊中之物，老闆甚至還會要你在家工作……。宇宙充滿了豐富、無限的資源，讓你取之不盡、用之不竭。

現在，請你從現狀開始，然後努力尋找更為正面的想法：

・我為什麼會選擇住在這個地點，結果得把時間浪費在車

陣裡吸廢氣呢？
・我實在很受不了一直坐在車裡枯等，真想乾脆丟下車，往樹叢裡跑算了。

　　上述兩項陳述是塞車時可能會產生的想法。我們舉的例子或許誇張了些，但用意是想強調一件事：你碰到塞車時所產生的情緒，往往不完全跟交通阻塞有關。換句話說，對人生充滿希望、擁有美好關係、財富充裕和滿意自己身材的人，跟正在面臨某些人生困境的人相比，前者遇到塞車時的反應可能完全不像後者這麼激烈。

　　不過，不論你當下的感覺多麼糟糕，也不論背後的原因為何，你要做的始終如一：從現狀著手，試著讓自己放鬆。

　　若是你真的只因為碰到塞車而感到沮喪，應該很容易就能轉化心境。只要每天持之以恆地練習，往後再度受困於車陣之中，你就會懂得去接收對自己有益的動力。你會慢慢抓到適當的時機出門，也能夠憑藉著直覺判斷何時應該離開高速公路，改走較為省時的平面道路。處於自我契合的狀態時，你還能與其他駕駛的能量交會，而你會發現那是無比美妙、神奇的經驗。順應自己的振動潮流，宇宙的整體力量便與你同在。

・我想我可以利用塞車的時間好好思考重要的事。
・既然思惟比行動重要，我可以利用塞車時間來思考。

- 觀察旁邊車裡的人在做什麼也很有趣。
- 這有點像參加派對一樣。你沒有機會跟每個人交談,卻可以觀察周遭的人對話。
- 猜想別人正在討論什麼話題,或者過著什麼樣的生活,是很有趣的。
- 我很享受塞車的時候可以看到如此多元的人群、車種與多樣的人生故事。
- 我喜歡發揮想像力創造自己的故事。
- 我很高興自己的人生故事同樣也會從車裡發散出去。
- 讓思惟與最為正面的自我頻率相符,然後注意其他正在觀察我的駕駛,真的很有意思。
- 到最後,我最享受的人生樂趣,可能會是慢慢地往高速公路的出口移動,親自見證自己的振動發揮力量。

有一天,你的煩惱搞不好會變成:「有時候,我不禁懷念起塞車的時候,因為那是我最好的思考時光。」

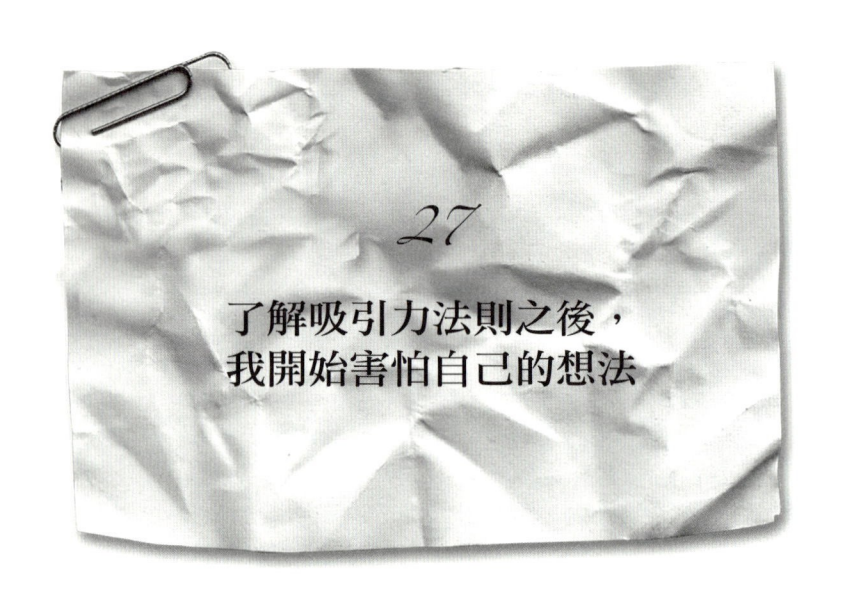

## 27
## 了解吸引力法則之後，我開始害怕自己的想法

　　我無法掌控自己的思緒，這點很令人擔心，因為現在我知道自己會吸引與當下思惟相應合的事物。我覺得，還沒接觸吸引力法則之前的我比較快樂，現在，我反而會害怕自己的想法。有時候，我發現自己會產生很可怕的念頭，我很擔心這些想法會成真。

**你**會害怕自己的想法，其實是件好事，這表示你能夠察覺情緒引導系統運作的結果。也就是說，當你恐懼的時候，代表你當下的思惟與內在自己對這項課題的觀點相違。

　　你所描述的恐懼感，只是情緒引導系統給你的訊息，讓你知道自己正處於抵抗的逆流思惟。恐懼不代表壞事會立即發生，但確實表示這是逆流思惟。

　　逆流思惟必須持續一段時間，你才有可能失去生命既有的圓滿幸福，但養成順流思惟的習慣卻不需耗費多久。只要一點點練習，你就會發現拋開船槳是多麼容易的事。只要藉由扭轉思惟，持續地紓解恐懼感，壞事絕對不會降臨到自己身上。

　　保持愉悅的心情，使思惟順應所求的一切，你會為旁人樹立好榜樣。久而久之，你就能夠對孩子、伴侶、父母、手足和同儕產生正面影響，幫助他們發揮自主創造的力量。我們希望你不要害怕恐懼感，反而要去了解它，並且好好運用它給你的指引。即使真的遭逢壞事，你也能夠重新開始、重新集中思緒，創造不一樣的未來。

　　許多人會以自己或身邊親友發生的負面經歷做為佐證，然後說自己會感到恐懼是很自然的，也是很合理的。然而，人會一而再、再而三遭逢逆境，有時候是因為自己不樂見的情況一發生，整個心思就為之所苦，因而吸引更多的負面經驗，如此不斷惡性循環。大部分的人都會把思緒焦點放在眼前的處境上，固執的人或許會質問說：「那第一次的負面經驗又是怎麼

來的？」我們的回答是：你所遭遇的每一件事，都是慣性思惟與情緒的產物。

有人還會反駁說：「那小嬰兒呢？他們哪有能力創造如此負面的經驗？」我們必須強調，即使小嬰兒還不會說話，也一直在發散振動頻率，吸引力法則同樣會予以回應。

每個人都在自己生長的環境中學會發散振動頻率。早在母親子宮裡的時候，你已經開始接收母親與其周遭環境的振動。不過，你其實不需要為已經發生的事感到難過，因為此時此刻的你擁有全部的力量，能夠自主選擇帶來正面感受的思惟。現在，你已經懂得生命之流的運作原理，也能夠從自身的情緒來判斷自己是處於順流位置，還是逆流位置，所以，只要受到思惟的負面影響，你一定可以察覺到。

在決定來到世上以前，每個人都很清楚自己將會被各式各樣的想法包圍，而且不見得會全盤認同。但是，沒有人希望自己出生在一個有所限制的環境裡。當時，你們都知道——現在的你也將喚起內在記憶——自己將擁有力量強大的情緒引導系統，也知道充滿多元選擇的環境極為重要。

只要經過些許練習，你不僅不會再害怕自己的想法，甚至會因自己的念頭而開心，因為世上最美好的經驗，莫過於懂得運用思惟與宏觀的自我存在合而為一。當你能夠透過內在自己的觀點觀察周遭的人、事、物，你將不再感到任何恐懼，而只會充滿喜悅！

現在，請從你當下的處境開始思考，努力尋找能夠改善感覺的思惟：

- 我不知道如何掌控自己的思緒。
- 我發現自己成天懷著不好的念頭。
- 不過，我偶爾還是會有非常正面的想法。
- 我還發現正面思考有助於拓展心智。
- 我可以自主選擇我想要的思惟。
- 我體認到，每當我察覺自己不想要什麼，就會知道自己想要什麼。
- 我可以學習如何引導自己朝向正面思考。
- 我生命中曾有許多正向的經驗。
- 我可以確定的是，自己往後遭遇的正面經驗一定多於負面經驗。
- 這表示我的思惟愈來愈正面。
- 每個想法不一定非得是正面思惟不可。
- 只產生正面想法是不可能的。
- 我的任務就是要引導思惟往正向發展。
- 我想我正在這麼做。
- 我現在比幾星期前的自己更努力正面思考。
- 我正在努力引導自己的思惟。
- 這幾天，我不僅心情好多了，事情也愈來愈順利。

- 這就證明,我真正要做的是轉化心境,而非改變現狀。
- 我知道,保持正面、樂觀的心情,是改善現狀的必要條件。
- 我不僅了解創造的歷程,也正有效地加以實踐。

## 28
### 我先生病得很重

　　醫生說，我先生病得很重，目前已經沒有其他可行的療法，他們也不建議繼續治療。先生與病魔纏鬥了好幾年，這段時間，只要醫生繼續提供治療建議，我們就相信會有康復的一天。現在我和先生都覺得很無助，也很害怕。

　　我不知道該怎麼辦，也不知道該怎麼跟先生說。我應該要繼續懷抱一絲希望，還是跟他一起做好接受死亡的心理準備？

**當**你目睹自己關愛的人飽受病痛的身心煎熬，確實不容易維持自我平衡。即便你與先生相處多年，彼此的生活密不可分，你依然無法得知他的日常思惟與其內在自己的振動關係為何。你只能掌握自己的振動能量。

　　當深愛的家人生病時，很多人往往會不顧一切，想求取他們所渴望的結果，因此反而形成一股阻力。不過，即使是在如此痛苦的處境之中，你依然有能力找回並維持自己的平衡。當你能做到這一點，不管任何情況，你都會成為他人的助力。

　　**你無法替先生思考，也無法替他創造現實，但你可以為自己思考，也能創造自己的現實。當你確實達到自我契合的境界，就能發揮強大的影響力。**

　　這時，有人可能會說：「我將盡其所能地與自我契合，然後幫助丈夫恢復健康。」我們的說法卻是：「我將盡其所能地與自我契合，進而影響丈夫，幫助他與他的自我契合，並且讓他做自己真正想做的事。」這兩項陳述的意義截然不同。

　　疾病是振動失調導致的結果，人生病的時候，表示生命之流的流勢十分強勁，而他卻正好因為某些緣故而處於逆流的方向。面對逆境時，多數人都會忽略自己內在的振動變化，所以產生的念頭也多半會導致內在形成抵抗的負面能量。甚至是正在適應周遭環境的嬰兒，也會受到這些逆流振動的影響。

　　科學家與醫生不斷在尋求更進步的療法，所以他們會一直提供新的藥物、治療方式與飲食建議。然而，醫生及科學家會

發覺自己一年比一年更力不從心，新發現的疾病永遠比能夠治癒的疾病還要多，除非他們能夠領會以下這個道理：**必須先了解造成疾病的振動因素，而不是盲目尋求有效的療法，因為再多的行動，也彌補不了頻率不一致的振動能量。**

因此，你現在有充分的理由對先生的健康狀況懷抱希望。既然醫學已經放棄了他，他有更多心力可以專注在唯一有用的療法上：與自身存在合而為一。人往往要等到無計可施的時候，才會開始努力協調自我的能量。如果身體真的因此康復了，醫生就會說是奇蹟再現。其實這並非奇蹟，而是思惟、振動頻率與能量相互契合所帶來的結果。

一旦發現自己不想要什麼，就會更清楚自己真正想要什麼。因此，你先生在生病的這段期間，勢必發出了十分強大的渴望，並且投射到頻率暫存區——這表示其生命之流目前的水勢非常湍急。換句話說，人病得愈重，愈會在頻率暫存區中投入更多對健康的渴望。然而，當生命之流流動得更加快速，處於理想健康境界的內在自己就會發出更為強烈的召喚，而當你沒有順應生命之流的方向，往健康的理想邁進時，就會病得更加嚴重。

你現在了解這一切如何運作了嗎？你可以這麼說：「我病得愈重，便會匯集愈多康復的能量……。」事實上，瀕臨死亡的重病比不痛不癢的小病更容易康復，因為面臨死亡之際，你的頻率暫存區會累積更強大的力量。這時，你唯一要做的，就

是努力保持愉悅、正面的情緒。

　　只有你先生自己才能掌控自己的振動頻率，你無法替他完成這項工作。你的首要任務，就是在痛苦的處境之中努力維持自身振動的平衡。只要達到這一點，你就能發揮強大的影響力。在眼前的情況下，你很容易產生負面的想法，此時，你必須努力轉化思惟，使情緒好轉──這並不是為了你先生，而是為了你自己。當你達到與願望契合的境界，就能對先生產生正向影響。

　　你若能撇開想要幫助先生的渴望，先努力與自我契合，就能真正對他有所助益。相反的，若你在努力協調自我能量的時候是以幫助先生為目標，就很可能會把意念放在他的病痛上，導致自我無法契合，無法發揮強大的影響力。

　　你周遭的人大概都會認為你先生的身體狀況，是左右你內心感受的重要因素。然而，我們想強調的是，不論先生的身體狀況是好是壞，不論他是生是死，你都必須努力保持正面、樂觀的情緒。你唯有先從一己之私的角度顧及自身平衡，才能幫助先生恢復健康。

　　先從你目前的現狀開始，然後試著去尋找正面的想法：

- 我想幫助先生康復。
- 醫生說沒有希望了。
- 我感到不知所措。我還不想放棄，但又覺得明知不可

能，還懷抱著希望，似乎是很傻的一件事。
- 我已經從害怕先生死亡，轉變成接受他即將死去的事實。
- 向現實低頭，讓我覺得很愧疚。
- 我覺得自己應該是最後一個放棄他的人。

體會一下上述這些想法背後的無力感。現在，請你把注意力放在自己能夠掌控的事物上，努力讓心情好轉。不要設法拯救先生的性命；不要努力思考生死的問題；也不要想改造醫生或是藥物。只要做你唯一做得到的事：自主的選擇思惟，藉以改善自身感受。

- 有時候我會覺得自己快要崩潰，有時候又覺得好受一些。
- 我知道，即使是在這樣的非常時期，我的情緒就是會起伏不定。
- 能夠脫離讓人失去力量的情緒，滿不錯的。
- 當我明白我的工作不是要去改善先生的健康狀況時，我確實感到一些安慰。
- 我慢慢領悟到，了解死亡是怎麼一回事，對我必定有極大的幫助。
- 既然地球上的每個人都會經歷死亡，它就不應該被認為

是不好的事。
- 我不希望先生死去,但當我發現自己現在的任務並不是去設法改變這個事實,著實令我鬆了口氣。
- 我很期待有一天能夠透徹了解物質界與無形界的密切關係。
- 憶起每個人都是永恆的存在體,感覺真的很好。
- 體認到死亡並不等於分離,令我備感輕鬆。
- 很高興知道思惟能夠超越死亡經驗。
- 很高興憶起我們的關係是永恆的。
- 我希望先生能夠獲得解脫,不論是脫離病痛,繼續留在世上,或是脫離肉體,回歸無形界;兩者都好。
- 把意念放在希望先生獲得解脫上,令我感到安慰。

在這麼短暫的順流思惟練習中,我們不會要求你立即看破生死(這也是人類苦惱以久的課題),但你的振動能量已經大幅改變了。很多人都不了解這一點的重要性。言語不能傳道,生命經驗卻能相傳。當你透過改變思惟方向,獲得真正的解脫,你就會發散出完全不同的振動頻率,進而影響你先生的振動。由於處於非常時期的他正投射出前所未有的強烈渴望,所以只要你們夫妻倆都能稍稍卸下抗拒,順應生命之流,必能促成極大的進展。

**從你的觀點來看,最理想的狀況莫過於:**
- 你的感覺好多了。
- 你也讓先生心情好轉。
- 他的能量大幅改善。
- 他恢復健康。

**最糟的狀況也不過是:**
- 你的感覺好多了。
- 你的感覺好多了。
- 你的感覺好多了。
- 先生回歸到純粹、正面能量的形態。
- 他的感覺好多了!

直到你與內在自己完全契合,才會真正體認到,自己對於整體存在的圓滿可以產生多麼驚人的影響力。

## 29
## 情人離我而去

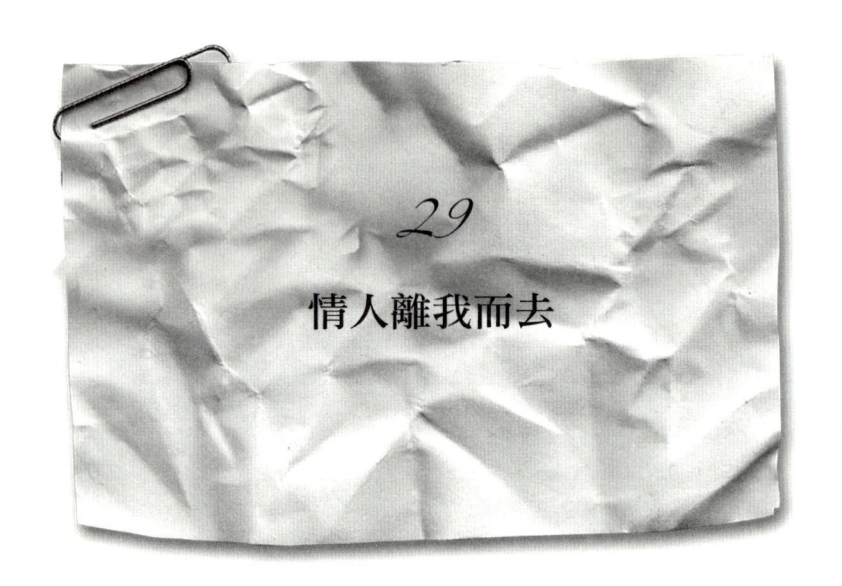

　　和我同居兩年的男友前幾天搬出去了。我們難免有意見不和的時候，偶爾也會爭吵，但情況都不嚴重。我以為我們的關係還過得去，沒想到他竟然完全不想跟我繼續下去。他發誓我們之間沒有第三者，可是，你怎麼可能愛一個人，卻又莫名其妙地突然搬走？

渴望擁有親密關係的人，多半會認為有總比沒有好，即使關係不是那麼理想也無所謂。可是我們並不認同這個觀點。既然有能力擁有美好的關係，就沒有屈就的必要。

請記得，你的感受必然是內在振動能量混合之後的結果，所以每個人對同一件事物的感受都不相同。兩個人共享一段經驗的時候，很可能其中一方很愉快，另一方卻不然，這是因為雙方各自的振動能量組合不盡相同。

把心思放在了解對方想要什麼，然後努力滿足他的需求，不如專注於自己真正想要的目標上，反而更有成效，也會帶來更大的滿足感。

生命經驗會促使你不斷在頻率暫存區中注入新的願望。因此，每當你遭遇困境，就會投射出超越現狀的渴望。比方說，情人離你而去之後，找尋伴侶的渴望就會比以往更加強烈、明確。

人生有許多經驗都會促使你產生各種願望。現在，你已經在頻率暫存區中打造了一段完美關係，而且這個夢想會持續不斷地召喚著你，等待你去實現。產生愈多順流思惟，你就愈接近夢想。相反的，感到心碎難過的時候，即是處於逆流的方向，只會妨礙自己獲得心中所求的理想關係。

某一段關係所產生的問題，都會成為創造另一段美滿關係的基石。我們提出這項觀念時，很多人都感到不可置信。然而，執著於眼前的問題，永遠無法發現通往美好關係的途徑。

有人可能會主張說，情人突然決定離開，一定是因為你們的關係早就出現裂痕，而你並未察覺。要是你當初多了解男友的心意，提早發現問題，或許事情就有挽回的餘地。不過，你忽略了這一點，我們卻替你感到高興，因為這表示你並沒有自找麻煩。從這裡，我們也可以看出你對這段關係其實是抱持相當樂觀的想法。

【問題】：「如果我對這段關係抱持著樂觀的想法，為什麼情人還會離我而去？」

這就是我們要強調的重點：凡事樂觀以對，一切就會朝著如你所願的方向進行。起起落落的生命經驗，促使你在頻率暫存區中不斷打造更美好的人生，而你也會時時受到召喚。因此，每當你心情愉快的時候，你與美好未來之間的距離就會更加接近。**簡單來說，離開你生命的任何人，不管什麼原因，都不符合你在頻率暫存區中打造的美好夢想。**

還有一個現象，你可能會覺得很有意思：假設你很仔細地觀察男友的一舉一動，並且盡可能取悅他，結果你卻發現他變得很不快樂，而且無法從你們的關係中獲得滿足。這時，你開始擔心起來，所以又更努力去取悅他。我們最想強調的一點是，你一心一意想取悅他，卻令自己感到很不快樂，導致你不再與自己的願望相互契合。因此，現在的你即處於逆流，而非

順流的方向。你的振動頻率與男友的不愉快相呼應，而非與自己的願望相符。在此情況下，他或許會在你身邊留得久一點。你暫時安撫了男友，所以他願意繼續留在你身邊——很多人都認為這代表你成功了。然而，從宏觀的角度來看，你選擇取悅他，而非取悅自己。這樣的情況持續下去，到最後反而會是你自己想離開這段關係。

忽略男友的不悅，並且持續以樂觀的態度看待這段關係，你才會忠於自己對於關係的理想——男友不符合你理想中的對象，所以他自然會離去。親愛的朋友，我們向你保證，這對你而言絕非壞事。**當身邊的人變得很奇怪，甚至離你而去時，倘若你依然能夠樂觀以對，你就會得到自己真正想要的關係**。以你現在的處境，要做到這一點確實有些困難。不過，如果你能盡量不為男友離去而傷心，就像你努力不讓自己受到不滿的情緒影響，你渴望已久的理想關係很快就會實現。這時，你要做的工作始終如一：尋找正面的想法。千萬不要把別人的困境當成自己的問題。不要為了取悅他人、安撫他人失調的情緒，而刻意違背內在的自己。與你不相投的，就任它去吧。

你現在感受到的痛苦包含許多層面，也涉及許多你所重視的事物。你想被愛，想獲得安全感，想被人重視，現在卻得不到愛，沒有安全感，而且覺得被遺棄。我們可以理解，你剛剛歷經情人離去的痛苦，很難產生正面的想法，但你必須把它當成努力的主要目標。

吸引力法則會把與你振動相符的人、事、物帶到你面前，因此，只要你能夠掌控自己的振動——使其符合你在頻率暫存區中打造的夢想，你心目中的完美伴侶一定會出現。相反地，當你的振動頻率和自己的理想情人不相符，就會吸引與你當下感受相符的人。也就是說，如果你一直覺得被遺棄，吸引的就是會遺棄你的人。

要讓思惟與心目中的完美關係頻率相符，其實比你想像得容易，不需耗費太多時間和心力。屆時，你再回想這段關係，就會對離開你的男友滿懷感激，因為在他的大力幫助之下，你創造了完美的伴侶。你或許會想寫一封信給他：

**謝謝你傷了我的心，幫助我看清我真正想要的是什麼。感謝你帶給我如此痛苦的經驗，讓我投射出強烈的渴望。因此，當我轉而順應自己的願望，很快就能走入幸福的關係中。我希望我們之間的互動也為你帶來同樣的好處。**

很多人都會拚命努力讓事情順心如意，但我們希望你了解，只要你努力與更大的自己合而為一，而不是努力迎合他人的要求，宇宙很快就會讓你如願以償。努力與自我契合，宇宙就會把同樣與自我契合的完美伴侶帶到你面前。這就是宇宙的法則。

請從你目前的處境開始思考，然後循序漸進，找尋感覺更

好的想法：

- 我現在既震驚又沮喪，只覺得不知所措。
- 我不敢相信居然發生這種事—我以為他就是我的真命天子。
- 為什麼他要這樣欺騙我的感情？
- 為什麼他要假裝會永遠跟我在一起？

現在，請試著讓自己脫離無力感，至少要找到彷彿大夢初醒般的感覺：

- 這種事不會再有下次。
- 我不應該被人這樣對待。
- 我很高興他離開了，顯然真正的他跟我想像的完全不同。

雖然這些都是負面思惟，但卻能稍稍紓解你的情緒。繼續努力：

- 顯然我們並不適合彼此。
- 我們沒有必要再浪費時間。
- 這件事正好讓我看清一切。

- 在這麼短的時間之內,我學到很多。
- 回想起來,我似乎早已預見會有這麼一天。
- 以前我只是在逃避,但現在我知道,我們遲早會分手的。
- 發生這件事,我並不感到難過。
- 這真的不是壞事。
- 發覺自己真正想要的並不在眼前,不是件壞事。
- 這段關係幫助我找到更明確的自我定位與目標。
- 我對美好關係再度充滿期望。
- 接下來,我會放慢腳步,細細思考。
- 我不需要急著想通這件事。
- 我其實很高興可以擁有自由的空間。
- 奇怪的是,我很期待接下來的發展。
- 我知道,有了這段關係做為基準,未來只會更美好。
- 有一天,我甚至會感謝他幫助我看清自己真正的所求。
- 不過,那一天並不是今天。
- 唔,也許是吧,確實有那麼一點感激他。

你不得不承認,心情真的好多了。這就是你唯一要做的工作,只要持續保持正面的情緒,一定能心想事成!

## 30 我心愛的寵物病了

　　我的狗還很年幼,但牠一天到晚生病,所以看獸醫的開銷非常大。我很愛我的狗,不希望看到牠痛苦或死亡,但我也不想三天兩頭就得帶牠去看獸醫。牠到底怎麼了?

**動**物與內在自己契合的程度往往高於人類，你的狗也不例外。不過，比起經常跟人類相處的寵物，野生動物的契合程度更勝一籌。原因是，被豢養的動物光是長期觀察與牠一同創造經驗的主人，就會受到主人的影響，因而產生自我能量失調的現象。動物和人類一樣都有追求自由的本性，因此，比起自由自在的野生動物，被圈養的動物內在的抗拒感較為強烈。人類很難理解的是，地球上的動物永遠把自由看得比安全感更重要。

　　即使如此，許多動物依然能夠愉快地與人類共處。看似受到監禁的生活，也不會促使牠們產生抗拒，進而造成振動能量失調。然而，如果動物是處在一個充滿強烈負面情緒的環境裡，絕對不會好受。充滿純粹、正面能量的野生動物，只要看到人類靠近就會立刻逃走。這並不是因為牠們害怕人類，而是因為人類讓牠們感覺不好。

　　你所飼養的動物會漸漸適應人類發出的振動，而且與你互動的時候，牠們多半都能保持自我能量的契合。動物跟人類一樣，自身存在的振動平衡取決於當下專注的事物。當動物把注意力放在你身上，而你並未與自己的能量本源相通，牠們也會連帶受到影響。不過，動物的恢復能力很好，很容易可以重新與自我契合。原因是，牠們不像人類一樣會懷恨在心，或一再回顧過去的種種。不愉快的情況一過，牠們就會徹底拋開。

　　然而，如果動物每天都處於壓力或憤怒情緒之下，覺得自

己礙手礙腳，或被主人嫌棄，牠們的能量可能就會失調，並且在身體上顯現出徵兆。

許多學習自主創造的人都想知道如何創造自己的現實，努力了解自身的情感引導系統，並且希望能夠學會保持順流思惟，但很多人都是在察覺到自己的負面情緒對寵物有所影響之後，才下定決心要身體力行。有趣的是，如果負面情緒只影響到自己，人通常都會選擇忍受痛苦，可是一旦發現這也會連帶影響心愛的寵物，人們就會願意試著改變。

你關心寵物的圓滿幸福當然很好，但我們希望你也要重視自己的圓滿幸福。

逆流（產生負面情緒）的時候，你若是不拋開船槳，吸引力法則就會回應你當下的振動，導致情況惡化，你的情緒也會跟著惡化。

倘若你依然不設法放下內心的抗拒，吸引力法則會持續回應你的振動，導致負面情況加劇，你的痛苦也跟著加倍。

如果繼續維持現狀，不消多久，你的身體就會發出失調的警訊。

有時候，心愛寵物身上的症狀也可以做為你的引導系統。牠似乎知道你願意忍受自己的負面情緒，卻不願意影響到牠。因此，寵物會去完成你們誕生以前已設定好的任務，那就是提醒你注意自己的振動表現。

寵物也想幫助你看破「生死」。牠知道生命沒有死亡，只

有永恆。動物總是開心地從一個軀殼換到另一個軀殼，從不畏懼死亡，並且享受著徜徉在生命之河中的快樂。你的狗是世上最好的心靈導師之一。

現在，請努力對心愛的寵物產生正面的想法：

・我很想知道我的狗為什麼一直生病。
・我不知道這樣到底有什麼好處。
・我不喜歡看到牠痛苦，而且還得花上大筆的醫藥費。
・我很想任由牠自行尋找生路，但又不忍心看牠受苦，甚至死亡。
・我實在負擔不起這麼龐大的醫療費用。
・帶牠去看獸醫，我很難過。
・不帶他去，我更難過。
・既然不管做什麼都不好受，也許我應該先試著讓心情好轉。
・牠或許想給我一些啟示。
・我會試著跳脫出來看，了解這件事背後的意義。
・我可以立刻察覺的是，我的狗雖然身體不舒服，但牠似乎一點都不擔憂。
・牠沒有像以前那樣活潑，但心情是愉快的。
・我跟牠說話的時候，牠總是會努力搖搖尾巴。
・有時候，我會覺得牠像是在安慰我，要我別那麼擔心。

- 我會盡量不去擔心牠,希望能反過來安慰牠。
- 我要樂觀以對。
- 我會盡量以樂觀的口氣對牠說話。
- 我不會再抱怨看獸醫的花費。
- 我不在牠身邊的時候,會想像牠的情況已經好轉了。
- 只要看到牠有一點好轉的跡象,我會說出來,專注在這個念頭上。
- 我要努力尋找正面、樂觀的想法,其餘皆不予理會。
- 我可以感覺到,牠正在幫助我自主引導思惟。
- 我知道,牠是一位偉大的導師,對我付出無條件的愛,因為牠並不是藉由改善自己的身體狀況來讓我好過。
- 我覺得牠要帶給我的訊息是:「你自己選擇讓心情好轉,而不是因為我給你好轉的理由。」
- 這個訊息讓我再度充滿力量。
- 牠真是隻偉大的狗!

# 31
## 我的錢永遠不夠用

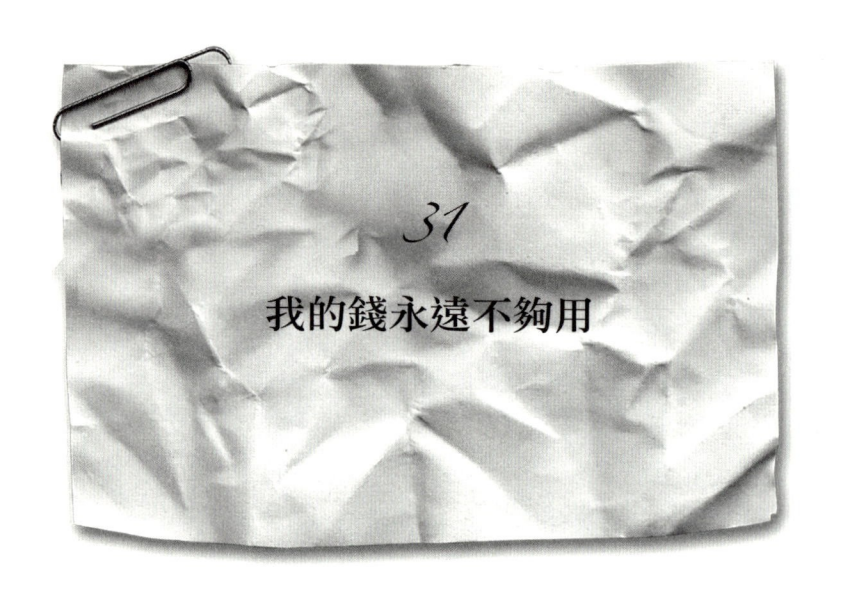

　　我從來沒有不為錢所苦的時候。每次好不容易周轉過來，又會碰上預料之外的開銷。現在，家人和我所需的生活用品樣樣都漲價，薪水卻沒有跟著一起漲。

　　以前，我一週工作四十小時，太太在家當主婦。現在，我一週工作六十小時，太太也找了份全職工作。可是，我們手頭上從來沒有多餘的閒錢。我不知道為什麼別人都可以去度假或是買新房、新車。我到底是哪裡出了問題？

**你**或許會認為，良好的財務管理就是設法達到收支平衡。然而，多數人都不知道，這其中還牽涉一個重大因素：自我能量一旦相互抵抗，不論採取什麼行動都無法彌補。財務狀況如此窘迫，你當然有理由擔心，但光是擔憂，情況永遠無法改善，因為吸引力法則只會回應你當下的振動，而非你的行動。

當然，採取行動所產生的生產力總是比較顯而易見：力氣大的人可以舉的東西比力氣小的人重；動作快的人一天可搬的東西比動作慢的人多；一分鐘打六十字的人，一天可以完成的文件比一分鐘打二十字的人多……。然而，跟達到自我契合之後所能發揮的力量相比，這些全都微不足道。簡單來說，自我能量失調，任何行為都沒有辦法彌補。

當你一貫以逆流思惟看待缺錢這件事，你就是擋了自己的財路。錢不夠用的時候，你沮喪不已，又不努力正面思考，沮喪的情緒就會化為憤怒，再轉為恐懼。這時，你的慣性思惟只會促使自己產生更多抵抗，並且持續遠離源源不絕的財富。你的感覺愈差，事情就會愈糟。原因是，感覺愈差的時候，內在就會產生愈多抵抗，使你無法順利找到解決方法。

每當你注意到自己的錢不夠用，你就會發出更多振動要求，促使生命之流愈發湍急。然而，當你專注在缺錢的問題上，即是迫使自己轉為逆流，與內在自己所召喚的方向恰好相反。

對於財務狀況產生強烈的負面情緒，代表兩項重要意義：

1. 你渴望獲得財務支援，而內在自己也正召喚著你往這個夢想前進。
2. 你正處於逆流的方向，背離了你所求的財富。

不論你和太太工作多少小時，也不論賺了多少錢，唯有先達到自身存在的振動平衡，才能求取財務上的收支平衡。你一旦懂得拋開船槳，任由自己順著生命之流，就會感到一陣輕鬆自在，財務狀況也將跟著脫困。

當你渴望擁有某樣東西，並且持續一段時間，就會在頻率暫存區中累積龐大的能量。此時，只要心情稍有紓解，情況必能大幅改善。換句話說，只要你能維持好心情，放下抵抗所帶來的正面影響，將會印證在財務狀況上。

既然你知道自己可以掌控金錢的流向以及擁有財富的多寡，或許可以從自己的經驗模式中驗證這個道理。求財得財的祕訣是：即使處於缺錢的窘境，也依然保持愉悅的心情。學會掌控自己的情緒，就能發揮能量契合的驚人力量。這時，吸引力法則將會把實實在在的財富帶到你的門前。相反地，倘若你只是依照當下的處境做出情緒反應，你付出多少勞力，就勉強掙得多少錢財。

先從當下的處境開始思考，然後尋找更為正面的想法

- 我受夠了缺錢的日子。
- 我註定一輩子缺錢用。
- 我的工作時間很長,所以總是疲憊不堪。
- 我們總是得省東省西,才能勉強過得去。我實在很受不了。

這是你真實的感覺,也是目前的處境,但是這樣的思惟絕對無法為你帶來更多財富。你必須先扭轉自己的思考模式與情緒。然而,扭轉思惟與情緒並不是為了改善財務狀況,而是為了改善你的振動頻率。倘若你能夠以改善自己的感覺為目標,並且時時保持樂觀的心情,錢財絕對會滾滾而來。

- 我的工作時間比左鄰右舍的人都還要長。
- 但是他們賺錢好像很容易。
- 我好像天天都會碰到熟人向我炫耀新車。

不斷跟別人比較,只會陷入心理不平衡的狀態,也會不清楚自己的思惟方向究竟有無改變。相反的,仔細比較自己每個想法,並且專注於找尋讓你感覺比較好的思惟,不消多久,你就能看清何謂順流思惟:

- 我們目前的狀況並不差。

- 我們的生活其實過得不錯。
- 內人和我對於目前的成就感到很驕傲。
- 我們做了許多明智的決定。
- 家中還有一點資產。
- 從整體來看，我發現我們的生活慢慢在進步。
- 跟以前相比，我發現我們有很大的進展。

你的感覺已經好多了。請繼續努力，看看自己還有多少進步空間：

- 我會想通一切的。
- 事實上，我很擅長想通事情。
- 我正在等待靈感。
- 目前，我們過得還不錯。
- 期待未來的發展，其實是很令人開心的事。
- 有時候，我會覺得前途一片光明。
- 我們的未來充滿活力與機會。
- 看看之後會有什麼進展，一定很有意思。

觀察你進行這個思惟練習的人，絕對想不到你能從中獲得多大的力量，因為這時你的口袋還沒有多出半毛錢。可是，當你體認到生命之流的威力，並且在改善情緒的過程中發覺自己

消除了莫大的阻力，你就能了解這個過程所帶來的深遠影響。這時，你再也不會懷疑思惟的力量，而是能夠親身體驗到心想事成的美妙經驗。其他人可能會說你「走運」了，但是你心裡很清楚，這是你發揮自主力量促成的結果。

## 32
## 愛犬死了，我非常難過

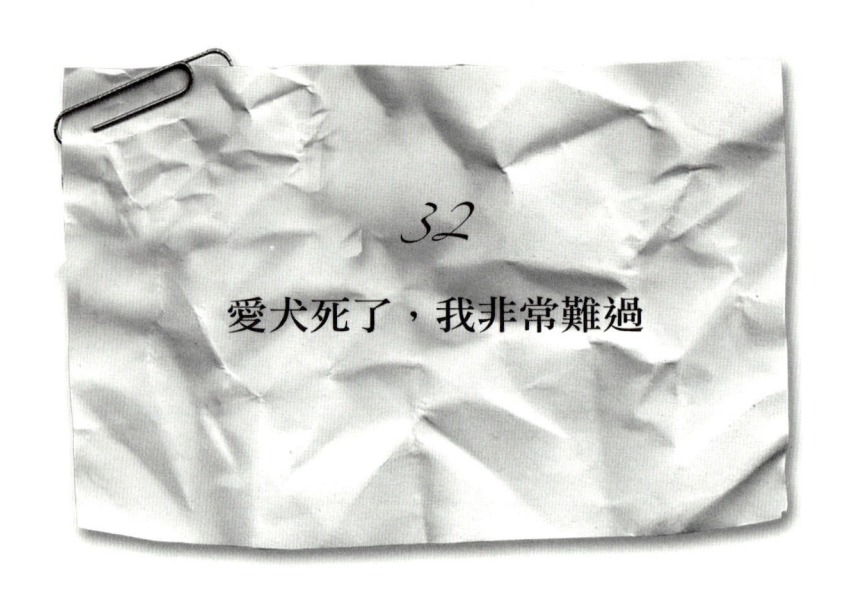

　　愛犬死了，我好難過。我知道牠總有一天會死去，也知道我的壽命一定比牠長，可是看到牠走，還是好傷心。我現在很不想回家，因為每次走進家門，一想到牠再也無法到門口迎接我，就會難過不已。每天遇到的人、事、物經常會讓我想起牠，而每思念一次，就痛苦一次。我覺得自己不應該難過這麼久，但好像怎麼也走不出傷痛。朋友建議我再找一隻狗來養，可是我辦不到。不論怎麼做，我未來還不是一樣要痛苦嗎？

失去心愛的寵物，似乎比任何事還更令人傷心。雖然有些人認為人生有許多事都比寵物重要，所以為寵物傷心難過不僅沒道理，也沒有必要。有人可能會批判說：「他失去心愛的狗，反而比喪父還難過。」

你愈渴望擁有某物，無法擁有它的時候就愈痛苦。然而，你現在感到痛苦，不完全是因為失去了心愛的狗，背後還有更重要的因素。

狗對你而言代表純粹、正向的能量。你的狗終其一生都是這股純粹、正向能量的延伸，就如同你剛到這世界上時也是如此。你對狗付出關愛，在與牠相處、互動的過程中，常常受到牠的啟發，讓自己與本源相連。你當然很想念自己的狗，但你真正想念的，其實是與自身能量本源的連結。

- 狗像你愛牠那樣的愛你，但牠不會要求你改變行為。
- 狗不會要求你為牠的快樂負責。
- 狗跟你相處的時候很開心，但沒有你在身邊也不以為苦，因為牠並非仰賴你的行為獲得快樂。
- 狗了解自身存在的永恆，所以從不預期或恐懼死亡。

要是換成你的父親，上述這些說法可能就不適用了。

所以，如果我們設身處地想像你的處境，我們會專注在過去有狗陪伴時感受到的快樂情緒上；回想牠期待與你一同散步

的渴望眼神;回想牠追逐鳥兒或松鼠時精力充沛的模樣;回想牠躺在地上、頭枕著腳時顯露的安逸神情。當你拋開傷痛,憶起過去與狗共處的快樂時光,就能回到有牠相伴的契合狀態。這時,只要你願意,宇宙力量會把另一隻狗帶到你的生命裡,替代牠的角色。只要你願意這麼做,或許會找到一隻不會咬壞鞋子的小狗陪伴你。

憑藉著你對振動的認知以及愛犬對於自我契合的認識,你就能達到與自我本源相連的狀態,進而放下思念愛犬的痛苦,而這就已足夠——你可能暫時還不想與另一隻寵物共享創造過程。無論如何,我們都不鼓勵你為了填補空虛的心靈而再養一隻狗。你真正缺乏的是與內在自己的契合。達到自我契合之後,你自然會採取該有的行動。

現在,請從你悲痛的情緒出發,努力尋找正面、順流的想法:

- 有時候我會暫時忘記愛犬已經不在的事實,等想到的時候,又會開始難過。
- 好多事都會讓我想起牠。我真的很想念牠。
- 牠離開以後,我覺得我再也不像從前的自己了。
- 聽說時間會撫平一切傷痛,但我的情況完全沒有改善。
- 第一次回家不見牠來迎接,是最令我難過的時刻。

這些陳述忠實地反映了你的感受，以及你對狗的思念之情。尋找正面思惟的目的就是要幫助你體認到，雖然你無法讓愛犬死而復生，但只要你努力，依然能夠讓自己好受一些。如果你一直沉溺在同樣的負面思惟，訴說著同樣的傷痛，情況永遠無法改善。你必須尋找能夠讓心情好轉的想法，所以請朝著這個目標努力：

- 我會專注在其他事情上，所以並不是時時刻刻都處於傷痛之中。
- 有時候，不為愛犬難過的平靜心情可以維持好一陣子。
- 愛狗還活著的時候，我也不會整天都掛念著牠。
- 我經常不在家，也不在愛犬身邊。

在先前的處境下，或許不難產生這些念頭，但這些想法都為你帶來比之前更好的感覺。繼續努力：

- 我很高興過去和愛狗共度這麼多美好時光。
- 未來，我或許會找到另一隻心愛的狗。

找到能夠帶來些許安慰的想法（或一連串想法）時，你可以稍作停留，默想幾遍之後，再繼續努力尋找同樣的思惟。尋找順流思惟的練習，並不是比賽誰能最快找到最為正面的想

法，而是一個漸漸紓解負面情緒的過程。花一點時間尋找可以帶來正面感受的陳述，然後觀察自己的心情逐步好轉，就能帶來極大的進展。

- 我想我還沒準備好要接受另一隻狗。
- 養一隻新的小狗會徹底改變人生。
- 我還記得愛犬小時候的模樣。
- 牠剛來的前幾週，我幾乎天天都威脅要把牠送回去。
- 牠看著我的眼神總像在說：「你是在開玩笑吧。」
- 我會笑著跟牠保證我只是開玩笑。
- 牠剛來我家的時候真的很調皮，也很好玩。

現在的你可能還沒有再養一隻狗的打算，但比起幾分鐘前，你的心情好了許多。我們的重點不在於告訴你究竟該不該再養一隻狗，而是想引導你回到心情愉悅的自然狀態。

- 與另一隻狗相處應該很有趣。
- 也許我會找到一隻與死去的愛犬個性相似的狗。
- 我得回想一下牠小時候的個性。
- 牠對什麼事都感興趣，而且每天都快樂得不得了。
- 這麼想或許可以給我一些安慰。
- 我就想著牠快樂的樣子就好了。

## 33

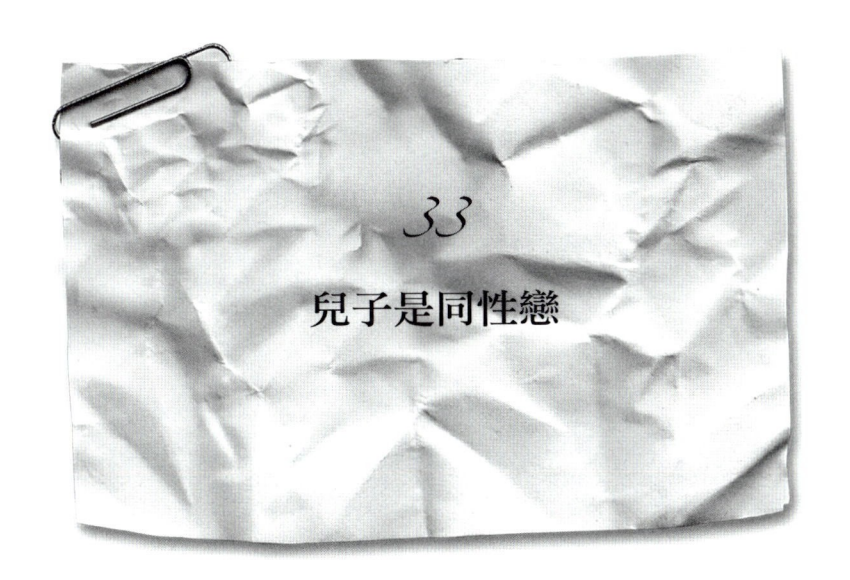

## 兒子是同性戀

　　兒子去年離家上大學。暑假的時候,他回來跟他爸和我說他是同性戀。他在學校遇見了心愛的情人,兩人已經同居了一段時間。

　　兒子宣告自己是同性戀的事,至今已有幾個星期。我知道自己沒有機會抱孫子之後難過不已,但還是勉強接受事實。我先生簡直是氣瘋了。他甚至認為,要是兒子不去上大學,沒有遇到另一個男人,今天這一切都不會發生。看到先生這麼生氣（我知道先生很愛兒子）,我不禁為兒子擔心,不曉得別人會怎麼看他。

父母往往很難接受兒女抱持與他們截然不同的人生觀。大部分的父母都認為自己汲汲營營了大半輩子，對人生總有些許正確的認識與體會，也會努力把這些觀念灌輸到孩子身上。

倘若我們只能給世上的父母一個建議，幫助他們維持良好的親子關係，並且讓親子雙方脫離相互挑戰彼此極限的痛苦，我們的建議會是：**孩子並不是你的翻版，他來到世上的目的也不是要成為另一個你。每個孩子都帶著獨特的願望與使命誕生到現在的時空現實。**

你的兒子並非到了大學才成為同性戀，這並不是他在物質界的某個當下所做的決定。出生之前，位於無形界的他，早已將這個意圖投射到頻率暫存區內。

認定自己為同性戀的人，經常會詢問我們：「為什麼我會選擇同性戀？為什麼我會選擇如此與眾不同的觀念？為什麼我會做出如此令人痛苦的抉擇？」

我們的回答是：身處無形界時，你並未明確地表達希望自己誕生成為「同性戀者」。不過，你確實抱持著一個強烈的意圖來到世上，那就是不輕易向社會妥協。換句話說，你知道自己即將面對一群自以為無所不知的人。這群人總是蓄勢待發，隨時準備向你灌輸他們所謂的正確價值觀。

你從宏觀的無形界來到人世，目的就是要與眾不同。你的獨特性將不為世人理解。你非但不順應世俗，也不受他人改

變。也就是說，你的使命即是要幫助他人體認多元性的價值，並且明白要求別人改變是一件不可能的任務。倘若你任自己配合他人的觀感而改變自己，你等於是在幫倒忙。因為這樣一來，他們永遠不會領悟到，唯有掌握思惟的力量，才能獲得真正的自由。

許多人常把無私的愛掛在嘴邊，卻鮮少身體力行。只要一遇到不順心的處境，當下立即的反應就是想改變現狀。然而，設法掌控他人來獲得快樂，就是迫使自己踏上一條痛苦的不歸路。

當你必須透過控制他人來獲得快樂，能夠施展的空間只會愈狹隘，也必須付出超乎所能的時間與精力，才能進行這項不可能的任務。

無條件的愛真正的意義是：不論在什麼情況下，都與愛及內在的自己相連。

我們希望你了解，你的兒子懷著最為動人的使命來到世上，那就是要給予你無條件的愛。在你一生當中，沒有什麼比接受這項獻禮更令你快樂，也沒有什麼比拒絕它更令你痛苦。

我們想告訴這位母親，她還有兩件事要思考：一、你的兒子令你先生不悅。二、你先生令你不悅。我們提及這些觀念，並不是要你去改變丈夫對兒子的態度，或是幫助你影響兒子的作為。你唯一的力量來源，就是尋找與內在自己契合的想法，然後不斷練習，直到這些想法成為你的主要思惟模式為止。

我們可以百分之百保證，不論他人如何詆毀你兒子，你的內在自己與本源都會永遠愛著他。只要你也繼續愛著自己的丈夫，不論發生什麼事，也不論他人對你兒子的性向有多麼不認同，你都能脫離抗拒的情緒，與內在的自己及本源合而為一。

現在，請從你目前的處境著手，努力讓思惟與內在自己對這項人生課題所抱持的觀點相契合：

・我兒子選擇了一條十分坎坷的人生道路。
・我衷心希望他不是同性戀。
・我先生非常固執，我怕他永遠無法釋懷。
・我覺得我們家的幸福快樂全毀了，而我卻無能為力。
・我先生根本不想試著去了解兒子。
・兒子改變不了性向，但我先生應該要試著去體諒他。
・我先生不只在這點上很固執，但是這件事比其他事加起來都還嚴重。
・我非常不想看到這一切發生。

你的情緒已經從無能為力轉變為憤怒與責備，這表示你正朝著內在自己的順流方向前進──不過，你還有好一段路要走。請繼續尋找能夠紓解情緒的想法：

・這對我們來說是截然不同的經驗。過一段時間，我想我

們就能接受了。
- 這件事不會永遠都讓我們這麼難受。
- 我主要是因為看到丈夫對兒子的反應而難過,並不是因為接受不了兒子是同性戀的事實。
- 過一段時日,情況就會好轉。
- 情況一定會改善,因為我們都想愛著彼此。
- 遭遇困境,有時候會讓家人更加團結。
- 不管發生什麼事,都斬斷不了我們對彼此的愛與親情。
- 我要放下這一切,不要在自我想像的迷宮裡團團轉。
- 我可以慢慢想通這一切。
- 我丈夫是個理性的人。
- 事實上,我丈夫是個樂天的人。
- 我們都是很樂天的人,只是現在暫時迷途。我們一定會走回通往圓滿幸福的康莊大道。
- 事情總會解決的。

現在的你更接近內在本源對這件事的感受。以下,我們將為你描述本源的觀點:你們都是能量本源的延伸。你們來到物質界,並不是想篩選世間的想法,只留下好的觀念。當你準備前來的時候,你並沒有說:「進入這個物質界之後,我會想出正確的生活之道,然後傳授給其他人,告訴他們如何打造完美人生。」當時,你明白世上的每個人都有不同的觀點、傾向與

立場。有此多元性,才會源源不絕地產生進步的觀念。

你很期待去盡情探索無窮無盡的想法,也想體驗各種情景、情況、事件、關係等一切經歷——你內心深知,多元性即是促使創意源源不絕的基礎。你也知道,內心一旦燃起渴望的火光,本源與無形的你將全心投注在新的拓展願望上。願望的火光會在不遠的未來閃爍,一路指引著你、呼喚著你,等你去體驗實現你所渴求的喜悅。

你知道,生命永遠沒有完結的一天,也永遠不會出錯。因為,生命沒有終點,只有永恆的契合。最重要的是,你知道自己內在的本源,你所來自的源頭,一直在召喚著你,凝視著你,而且無條件地愛著你,直到永遠!

心理勵志 | 239

# 情緒的驚人力量

| | |
|---|---|
| 作者 | 愛思特・希克斯、傑瑞・希克斯（Esther and Jerry Hicks） |
| 譯者 | 丘羽先、謝明憲 |
| 系列副主編 | 郭貞伶 |
| 責任編輯 | 余思（特約）、郭貞伶 |
| 封面暨內頁設計 | 江孟達工作室（特約） |
| 能量繪圖 | 卡薇雅 |
| 出版者 | 天下遠見出版股份有限公司 |
| 創辦人 | 高希均・王力行 |
| 遠見・天下文化・事業群 董事長 | 高希均 |
| 事業群發行人／CEO | 王力行 |
| 天下文化編輯部總監 | 許耀雲 |
| 版權暨國際合作開發協理 | 張茂芸 |
| 法律顧問 | 理律法律事務所 陳長文律師 |
| 著作權律師 | 魏啟翔律師 |
| 社址 | 台北市104松江路93巷1號2樓 |
| 讀者服務專線 | （02）2662-0012 |
| 傳真 | （02）2662-0007；（02）2662-0009 |
| 電子信箱 | cwpc@cwgv.com.tw |

直接郵撥帳號1326703-6號　天下遠見出版股份有限公司

| | |
|---|---|
| 電腦排版／製版廠 | 立全電腦印前排版有限公司 |
| 印刷廠 | 盈昌印刷有限公司 |
| 裝訂廠 | 晨捷印製股份有限公司 |
| 登記證 | 局版台業字第2517號 |
| 總經銷 | 大和書報圖書股份有限公司　電話（02）8990-2588 |

出版日期　2008年4月28日第一版第1次印行
定價 320元

國家圖書館出版品預行編目資料

情緒的驚人力量
　愛思特（Esther Hicks), 傑瑞(Jerry Hicks)著；
丘羽先、謝明憲譯. -- 第一版.
　-- 臺北市：天下遠見, 200804
　面；　公分. -- (心理勵志；239)
　譯自：The astonishing power of emotions :
　　　　let your feelings be your guide
　ISBN 978-986-216-110-4(平裝)
　1.情緒
　176.52　　　　　　　97005323

原著書名　THE ASTONISHING POWER of EMOTIONS
By Esther and Jerry Hicks
Copyright © 2007 by Esther and Jerry Hicks
Original English Language Publication 2007 by Hay House, Inc.,
California, USA.
Complex Chinese Edition Copyright © 2008 by Commonwealth Publishing
Co., Ltd., a member of Commonwealth Publishing Group
Complex Chinese language edition arranged with InterLicense, Ltd., through
jia-xi books co., ltd., Taiwan.
ALL RIGHTS RESERVED　　ISBN：978-986-216-110-4　　書號：BP239

※ 本書如有缺頁、破損、裝訂錯誤，請寄回本公司調換